Lost & Dark Place
Hamburg

Kapitel 3:
Kuppelraum mit Grabkammern im Mausoleum von Schröder

Manfred Ertel

Lost & Dark Places

HAMBURG

33 vergessene, verlassene und
unheimliche Orte

BRUCKMANN

Kapitel 3:
Das Mausoleum
von Schröder

Inhalt

Kapitel 9: Ruinen der Dynamit-Fabrik von Alfred Nobel

Kapitel 16: Überreste der Pulverfabrik Düneberg

Kapitel 30:
Die ehemalige
Harburger
Gummiwaren-Fabrik

Kapitel 18: Grabstellen im Wohlerspark

Geschichte und Geschichten

Es gibt sie noch, die Schatzsucher der Gegenwart. Nur ihre Beute ist eine andere. Die Glücksjäger der Moderne suchen nicht nach versunkenem Gold oder vergrabenen Münzen. Sie jagen nach vergessenen Plätzen – verloren, verlassen, verfallen. Und Hamburg an der Elbe als jahrhundertealte Drehscheibe für Wirtschaft und Verkehr ist voll davon. Hafen, Hanse, Reeperbahn – das war und ist der Dreiklang, der die Metropole zum »Tor zur Welt« macht. Zumindest aus Hamburger Sicht. Die Freie und Hansestadt, die bis vor gut 120 Jahren noch viel freier war, weil sie nicht zum deutschen Zollgebiet gehörte, ist seit jeher ein Magnet: für Im- und Export, Transport und Verkehr, Handel und Industrie – aber auch für Kultur und Wissenschaft, Sport und Freizeit.
Die Infrastruktur ist alt und war doch in jeder Epoche modern. Eine U-Bahn oder Metro, die in Hamburg oft als Hochbahn verkehrt, gibt es seit über 100 Jahren. Die Straßenbahn hatte eines der größten und ältesten Stadtbahnnetze Deutschlands – ab 1894 mit der ersten elektrischen Linie – bis sie zugunsten der »autogerechten Stadt« 1978 endgültig aus dem Stadtbild verschwand. Für die Eisenbahn ist Hamburg seit Mitte des 19. Jahrhunderts ebenso Drehscheibe wie für die Handels- und Passagierschifffahrt bis in die Jetztzeit. Der Hafen ist der drittgrößte in Europa, die Werftindustrie hatte lange Weltstandard – leider auch in dunklen Zeiten deutscher Geschichte mit ihrer Kriegs- und Rüstungsindustrie. Die Reeperbahn und St. Pauli mit seinen Klubs, Theatern und Rotlichtkaschemmen nähren weltweit den Ruf der Metropole.

Eine Spurensuche bringt viele »Lost & Dark Places« ans Licht: Historische aus Vorkriegs- und Kriegszeiten ebenso wie Opfer der Moderne und einer zeitgenössischen Stadtentwicklung beziehungsweise dem, was Städteplaner dafür halten. U-Boot-Bunker und Atomschutzräume, ehemalige Lokomotiv- und Hafenschuppen, stillgelegte U-Bahn-Trassen, verlassene pädagogische Anstalten, Fabrikruinen, bröckelnde Mausoleen. Sie alle sind ein Stück lebendige Hamburger Geschichte. Und sie erzählen spannende Geschichten. Manche Orte sind bekannt, und doch kennt niemand ihre Lebensgeschichte dahinter. Andere sind verrufen, mysteriös oder bergen dunkle Geheimnisse.
Das Buch begleitet Neugierige auf eine Zeitreise. Es stellt 33 der bemerkenswertesten oder beeindruckendsten Plätze in Hamburg vor, selbst besucht, erkundet und fotografiert. Beschrieben und kommentiert mit Hilfe von Experten und Sachkundigen. Es soll zur Spurensuche anregen und mahnt zugleich zur Rücksicht und Vorsicht. Lost Places sind keine Freilichtmuseen, zu besichtigen auf ausgetretenen Trampelpfaden. Ihre Besuche sind oft ungemütlich, riskant und manchmal sogar gefährlich. Und die Orte erfordern Schutz, auch wenn sie manchmal so gar nicht danach aussehen. Deshalb gilt: »Nehmt nichts mit von diesen Plätzen außer Fotos, lasst nichts zurück außer eure Fußabdrücke!«

Manfred Ertel

Die Ästhetik des Verfalls

Es ist noch nicht allzu lange her, da zeigte das weltweit bekannte Londoner Museum Tate Britain, vielen unter dem alten Namen als Tate Gallery of British Art besser bekannt, eine internationale Ausstellung, die durchaus als ungewöhnlich bezeichnet werden durfte. »Ruin Lust« war der Titel und der war auch auf Deutsch durchaus wörtlich zu nehmen. Sie präsentierte in Malerei und Fotografie den Zauber von Vergangenem und von Vergänglichkeit, den alte Bauwerke und ihre Ruinen inzwischen auf viele Betrachter und Betrachterinnen ausüben; die neue Faszination einer »Ästhetik des Verfalls«, die gerade zum Trend wird. Die Idee zum Titel der Ausstellung kam dem Kurator durch ein Buch der Romanautorin Rose Macaulay, so erzählte er. 1953 erschien erstmals ihr Werk »Pleasure of Ruins« und 1966 auf Deutsch: »Zauber der Vergänglichkeit«. Macaulays Buch galt damals vielen als schwärmerischer Rundgang durch die europäische Kunstgeschichte des 18. und 19. Jahrhunderts, verfasst ganz unter dem Eindruck der Zerstörungen durch deut-

sche Luftangriffe auf London im Zweiten Weltkrieg. In der Kunstgeschichte wird die Ästhetik des Verfalls oft zu den jüngeren Themen gerechnet. Gerade die Fotografie mit ihren besonderen Lichtmomenten rückt sie allerdings immer öfter in die Nähe des 18. Jahrhunderts, zu Gemälden etwa von Caspar David Friedrich oder William Turner, die mit ihren Ruinen-Motiven bisweilen erstaunliche Parallelen aufweisen. Wohl deshalb gilt vielen die Malerei der Romantik als kunstgeschichtliche Entsprechung des Hypes um die Ästhetik des Verfalls an »Lost & Dark Places« heutzutage.

Tatsächlich hat die Schwärmerei für Verfallenes und Zerstörtes eine lange Tradition. Maßgeblich inspiriert wurde sie von den Ruinen der Antike. Wer fühlt sich selbst heutzutage nicht fasziniert von den Trümmern in Delphi oder der Akropolis in Athen, dem Forum Romanum in Rom oder den Ausgrabungen von Troja in der Türkei. Ruinen sind Spuren der Geschichte. Und sie erzählen Geschichten. Sie sind Stätten eines Lebens, aus dem eigentlich das Leben gewichen ist und das die meisten von uns nicht miterlebt haben. Und mehr noch: Für die eine gewisse zeitliche Distanz geradezu erforderlich scheint, um sich ihrem Reiz, ihrer besonderen Ästhetik oder auch ihren Geschichten zu ergeben und diese zu würdigen. Es muss

Kapitel 9: Fabrikruine von Dynamit Nobel

sprichwörtlich Gras über den Schauplatz und ihre Geschichte gewachsen sein, damit wir aus der zeitlichen Distanz eine ganz neue Nähe finden und mit Emotionen füllen können. Es war der französische Schriftsteller Stendhal (1783–1842), der bürgerlich Marie-Henri Beyle hieß, der schon vor 200 Jahren der Bedeutung von Ruinen im Wandel der Zeit eine besondere Note gegeben hat. Das antike Amphitheater Kolosseum in Rom, das Touristen aus aller Welt in seinen Bann zieht, sei »heute, wo es in Trümmer fällt, vielleicht schöner als in den Tagen seines höchsten Glanzes. Damals war es nur ein Theater«, schrieb er schon zu seiner Zeit.

Nicht viel anders ergeht es Neugierigen, wenn sie jetzt vor der Ruine eines U-Boot-Bunkers stehen, vor den Trümmern einer alten Dynamitfabrik, einer rostenden Bahnanlage oder einem verfallenen Kinderheim aus der Epoche der »Landverschickung«. Ihre Geschichte ist seh- und erlebbar. Und oft sind es auch ihre Geschichten. Es sind Orte der Zivilisation, die irgendwann aus der Zeit gefallen sind und ihrem Schicksal überlassen wurden. Was die Objekte zeigen und erzählen, kann kein Museum leisten. Sie haben ihren ganz eigenen Charme. Übertüncht oft nur von der Kraft der Natur, die sich zurückholt, was aus ihrem Schoß einst entstanden ist. Nichts ist inszeniert, nichts ist kuratiert, aufgearbeitet oder für Zuschauer und Zuschauerinnen zurechtgemacht. Lost Places dokumentieren einen Zeitenwechsel, der in der Wirtschaft Strukturwandel genannt wird, sie konservieren einen Bedeutungsverlust von Infrastruktur oder eine Vergangenheit, über die Kriege und andere Katastrophen hinweggefegt sind. Und sie bieten einen ungetrübten Blick zurück, nichts steht zwischen ihren Betrachtern und der Vergangenheit.

Kapitel 12: Rundturmbunker auf der Veddel

Inzwischen gibt es nicht nur in Deutschland eine große Gemeinde, die auf der Jagd nach immer neuen Lost oder Rotten Places ist. Sie nennen sich »Urbexer«, abgeleitet von »Urban Explorer«, sie sind Hobbyforscher, Entdecker und Abenteurer auf der Jagd nach dem Unergründlichen, sie dokumentieren die Zeitzeugen einer bewegten und bewegenden Vergangenheit in Foren und sozialen Netzwerken. Sie alle wollen möglichst viele neue Lost Places entdecken und ihre Bedeutung als vergessene Plätze geradezu ins Gegenteil umkehren. Nach dem Motto: Schaut hin! Und manche generieren daraus eine neue Kunstform – eine Ästhetik, die das Gegenteil dessen ist, was Ästhetik eigentlich sein soll: die Lehre von der Schönheit. Es ist schwer zu sagen, was den Reiz tatsächlich ausmacht: Spurensuche in einer Zeit, in der Frauen noch keine Rechte hatten und Kumpel unter Tage ihre Gesundheit opferten, in der das Handwerkszeug für Krieg und Schrecken erfunden wurde und Freudenhäuser noch eine ganz andere Bedeutung hatten. Vielleicht ist es diese klitzekleine Welt jedes einzelnen Objekts, vielleicht sind es die immer weniger werdenden Flecken unserer Zivilisation, die noch nicht in Landkarten oder Stadtplänen erfasst und in Reiseführern beschrieben sind. Und bei ihren Entdeckern und bei Neugierigen immer aufs Neue diese wunderbaren Filme im Kopf auslösen.

Rechte Seite: Kapitel 3: Riedemann-Mausoleum

Kapitel 16:
Ruine der Pulverfabrik
Düneberg

1 Tempel der Versuchung

Die Schiller-Oper

Wie aus Menschen, Tieren, Sensationen und großer Kulturtradition ein einziges Trauerspiel wurde.

Ort Schanzenviertel, Lerchenstraße/Bei der Schilleroper **GPS** 53.55797968334181, 9.96202407093434
Anfahrt Mit der U-Bahn Linie U3 bis Feldstraße, von da 4 Minuten Fußweg. Oder mit dem Bus Linie 3 bis Lerchenstraße, 1 Minute Fußweg. Vor Ort gibt es kaum Parkplätze für private Autos.

Pygmäen und Eisbären Altona gehört noch nicht zu Hamburg, sondern zu Preußen, als der Zirkuspionier und Kunstreiter Paul Busch vom dänischen Svendborg nach Norddeutschland siedeln will. Im August 1889 stellt er den Bauantrag für einen »Circus mit Stallgebäuden und Restauration« fast genau an der Hamburger Landesgrenze. Zur Eröffnung 1891 verspricht sein Zirkus den Besuchern auf bunten Plakaten einen »Tempel der Versuchung« mitten in der Stadt – Menschen, Tiere, Sensationen. Auf Plakaten werden schillernde Shows mit kleinwüchsigen Pygmäen, exotischen Tänzerinnen, Pantomimen, Pferdedressuren, Elefanten und sogar Eisbären angekündigt. Sie tragen Titel wie »Engel im Löwenkäfig« oder »Nach Sibirien«, so ist es in historischen Aufzeichnungen überliefert. Das Herzstück des festen Zirkusbaus, der in dieser Form zum Ende des 19. Jahrhunderts in einigen europäischen Metropolen angesagt ist, bildet ein 24 Meter hoher Rundbau mit einer Arena, die Platz für über tausend Zuschauer bietet. Drumherum gruppieren sich auf rund 3000 Quadratmetern ein- und zweigeschossige Nebengebäude mit Wohnungen für Artisten, Lagern für den Zirkus- und Kostümfundus sowie Ställen für die Tiere.

Ehemaliger Eingang zur Schiller-Oper

Einstürzende Altbauten Das Eisenskelett der Rotunde ragt zwischen Wohnhäusern empor. Vom alten Glanz ist nichts geblieben. Jahrzehntelang währte der Verfall. Außenmauern bröckelten, Anbauten vergammelten, Fenster waren mit Holzlatten vernagelt. Bis im Spätsommer 2021 auf einmal die Einsturzgefahr so groß war, dass die meisten Anbauten abgerissen werden mussten. Rostige Streben des Stahlrahmens recken sich nun wie ein Mahnmal aus einer klaffenden Wunde gen Himmel. Zwei morsche Holztreppen führen ins Nirgendwo, ein paar Mauerreste mit Graffiti erinnern an alte und bessere Zeiten. Der Rundbau oder das, was davon noch übrig ist, steht unter Denkmalschutz. Aber ob und was da noch zu schützen ist, scheint eine ungeklärte Frage. Die Antwort darauf

So sah die denkmalgeschützte Rotunde der Schiller-Oper noch vor Kurzem aus.

könnte das Ende einer Geschichte besiegeln, die als Teil einer Kulturepoche begann und als umkämpftes Politikum ihr Ende fände.

Wilhelm Tell und Hans Albers Zirkus Busch bespielte den imposanten Bau nur wenige Jahre, bis zur Jahrhundertwende. Spätestens 1902, nach anderen historischen Angaben vielleicht auch etwas früher, zog er nur wenige Straßen weiter an den Hamburger Zirkusweg – wo mit der Reeperbahn das Rotlicht- und Vergnügungsviertel St. Pauli zu internationalem Ruhm heranwuchs und ein anderer Zirkus seinen Betrieb einstellen musste. Buschs alter Prunkbau suchte nach neuer Verwendung und fand sie nach aufwendigem Umbau als Theater. 1905 wurde das Haus mit »Wilhelm Tell« von Friedrich Schiller neu eröffnet und aus Anlass seines 100. Todestags auch zum ersten Mal nach ihm benannt – Schiller-Theater. Zum Spielbetrieb gehörten nun vor allem Revuen, Opern und Operetten. 1913 machte ein Künstler hier seine ersten kleinen Gehversuche, der später als Hans Albers zu Weltruhm gelangte. Eigentlich eine Marginalie in der schillernden Vita der Schiller-Oper wie in der von Hans Albers, findet auch die Historikerin Anne Rees, die viel über die Geschichte des Baudenkmals erarbeitet hat. »Aber solche Legenden sind wichtig für die Erinnerung der Menschen«, sagt sie. »Und sie verstärken die Atmosphäre bestimmter Bauwerke.«

Das rostige Eisenskelett erinnert an den einst prachtvollen Zirkus-Rundbau.

GERÜSTBAU
WEIL GMBH

Kuppel des einstigen Zirkusbaus

Gefangene und Obdachlose Nach erneutem Umbau und der Wiedereröffnung mit der Oper »Der Freischütz« 1932 lag der Schwerpunkt des Spielplans fast ganz auf Musiktheater. Aus der Oper im Schillertheater wurde schließlich die Schiller-Oper – bis zum heutigen Tag, auch wenn einzelne Buchstaben des Namenszugs über dem Eingang bis zum Abriss nur noch an wackeligen Nägeln baumelten. Der braune Schatten des Nationalsozialismus legte sich auch über die Schiller-Oper. Das Programm wurde linientreu, gezwungenermaßen. Später wurden dort italienische Kriegsgefangene und nach den Bombardierungen auch obdachlos gewordene Hamburger und Kriegsflüchtlinge untergebracht.

Kampf um das Kulturerbe Seit Anfang der Fünfzigerjahre ist die Schiller-Oper in Privatbesitz. Sie erlebte seitdem eine wechselvolle Geschichte, die mit Zirkus oder Theater aber nichts mehr zu tun hatte. Ein Hotel zog in der Oper ein, Arbeitsmigranten wurden in Nebengebäuden einquartiert, bis 1975 ein Großbrand erhebliche Teile der Schiller-Oper zerstörte. An Ideen und großartigen Plänen zur Rettung des Kulturerbes mangelte es danach trotzdem nicht, aber aus den Luftschlössern wurde nie etwas. Der Circus Busch-Roland als rechtlicher Erbe des Erbauers Paul Busch zeigte Interesse und auch der Circus Barum, sehr viel später sogar der berühmte Circus Roncalli. Ein Stadtteilzentrum war und ist im Gespräch, kurzzeitig wurden Flüchtlinge aus Afghanistan und dem ehemaligen Jugoslawien dort untergebracht. Restaurants und Musikclubs versuchten unter anderem ihr Glück in einigen der Nebengebäude. Als nachhaltig erwies sich keines der Konzepte, auch der Plan eines Star-Architekten nicht, der den Erhalt des historischen Rundbaus vorsah: leicht versetzt und den Rest des Geländes zur Bebauung frei – was den Interessen der privaten Erbengemeinschaft wohl ziemlich nahe, am Ende aber nicht zum Zuge kam.

Protestplakat der Bürgerinitiative

Denkmal unter Schutz 2006 schloss der letzte Musik-Club die Tore, seitdem stand die Schiller-Oper praktisch leer. 2007 wurde das kultur- und architekturhistorische Kleinod aus dem 19. Jahrhundert, das mittlerweile in Deutschland und wohl auch Europa einzigartig war, vorübergehend und 2012 endgültig als Kulturdenkmal unter Denkmalschutz gestellt. Ob und wie das Bauensemble saniert und genutzt werden könnte – darüber gab es seit diesen Tagen einen nicht enden wollenden Streit zwischen der Stadt und den privaten Eigentümern, der auch die Gerichte beschäftigte.

Mit Goethe schillern Erschwert wurde die zunehmend politische und juristische Auseinandersetzung durch einen neuen Player, der sich machtvoll in die Debatte um die Erhaltung der Schiller-Oper einschaltete. Die Kulturruine steht ziemlich genau auf der Grenze zwischen dem Hamburger Schanzenviertel und dem bürgerlichen Norden St. Paulis – zwei Stadtteile, die sich in den letzten 20 Jahren immer mehr zu linken Wohn- und Szenequartieren entwickelt haben, in denen Miet- und Bauspekulation der Kampf angesagt ist. Eine Anwohnerinitiative wehrte sich jahrelang mit guten Gründen und kreativen Konzepten gegen einen Abriss. »Ich will, dass hier wieder GOETHE schillert«, forderten Mitglieder auf Plakaten. Sie prangerten die mangelnde Kooperationsbereitschaft der Besitzer an, vor allem ihr »auf Zeit spielen«, und verlangten eine politische Ersatzvornahme durch die Stadt.

Wandmalerei auf den Mauern der Ruine

Gefahr für Leib und Leben Mit Stadtspaziergängen des St.-Pauli-Archivs versuchten sie für eine Wiederbelebung der historischen Kulturstätte zu werben. Mehr als ein Rundgang um die Ruine, vorbei an Parolen und Graffiti, war zuletzt wegen der Einsturzgefahr allerdings nicht mehr möglich. Inmitten des Wohnviertels hinter dem Neuen Pferdemarkt ragt die Spitze der Rotunde über dem rostigen Skelett in den Himmel – als Mahnung an Juristen und Stadtplaner, Besitzer und Möchtegern-Besetzer, einen Kompromiss für einen finalen Rettungsversuch zu finden. Nicht einmal die letzte Frist des Gerichts fand Gehör, mehr guter Wille auf allen Seiten ist gefragt. Und Kreativität. Vor allem wohl bei der Stadt, die jetzt am Zug ist. Noch ließe sich ein Stück Erinnerungskultur sichern und die Rotunde zum Beispiel zu einem neuen Kreativtempel instand setzen statt ein Stück Kulturgeschichte endgültig schierer Grundstücksspekulation zu opfern. Die Hilferufe der Anwohner und der Initiative waren eigentlich nie zu überhören, nicht nur auf Plakaten: »SOS – rettet die Schiller-Oper.« Sie sind lauter denn je.

2 Pures Leben

Der Löschplatz Billhafen

Ein Hafenbecken verliert seinen Nutzen für die Binnenschifffahrt und wird trotzdem Kult.

Ort Rothenburgsort, Brandshofer Deich/Billhafen Löschplatz **GPS** 53.535879218309496, 10.028610498464209 **Anfahrt** Mit der S-Bahn S3 und S31 oder mit der U-Bahn U4 bis Elbbrücken sowie mit den Bussen 119 und 130 bis Elbbrücken (Zweibrückenstraße), von dort jeweils 8 Minuten Fußweg. Oder mit den Buslinien 3 und 34 bis zur Haltestelle Billhorner Röhrendamm, von dort 3 Minuten Fußweg. Parkplätze in der Nähe sind vorhanden.

Zollschranken im Hafen In der Frühzeit des Hamburger Hafens gab es viele Hafenbecken, Kais und Umschlagplätze, an denen Waren und Frachtgut von großen und kleinen Handelsschiffen aus- und umgeladen, in der Schifffahrtssprache »gelöscht« wurden. Die meisten von ihnen lagen ab 1888 im sogenannten Freihafen. Mit seiner

Baggerschaufel des Löschkrans mit Spraykunst

Gründung wurde aus zollrechtlichem Ausland und einer Art exterritorialem Wirtschaftsreich ein Seezollhafen. Das brachte gesetzliche Sonderheiten mit sich: Reedereien, Schiffsbesitzer, Kaufleute und Handelsunternehmen durften hier ihre Teppiche, Gewürze, Kaffeebohnen, Südfrüchte oder Stückgüter zollfrei umschlagen, lagern und verarbeiten, um sie danach wieder auf die Weltmeere zu verschiffen, zu Märkten und Verbrauchern in andere Länder oder nach Übersee. Um die Waren nach Hamburg oder weiter ins Land zu schaffen, musste dagegen eine Zollgrenze passiert werden, an der aufwendige Kontrollen stattfanden und vor allem Abgaben erhoben wurden. Das galt nicht nur für die Einfuhr, sondern umgekehrt auch für den Export. Die Ausfuhr von Produkten aus Fabriken der Stadt oder von den Feldern in der Region per Schiff aus dem Freihafen unterlag ebenfalls Zollschranken.

Abzweig in die Innenstadt Nicht alle Händler wollten jedoch Ende des 19. und Anfang des 20. Jahrhunderts mit ihren Waren in die weite Welt. Ziel waren für viele einfach nur die zentralen Märkte der Hansestadt Hamburg, wo sich Kaufleute und einfache Bürger direkt versorgten. Dafür brauchten sie eigene Anlande- und Löschplätze ohne großes Aufsehen. Und vor allem ohne extra Zollabgaben. Wo sich Bille, Norderelbe und Oberhafenkanal im Osten Hamburgs treffen, liegt einer dieser Plätze: der ehemalige Billhafen – ein kleines überschaubares Becken zwischen dem alten Arbeiterstadtteil Rothenburgsort und der neuen Hafencity mit ihren Glas- und Glitzertürmen. Um die Jahrhundertwende nahmen Binnenschiffer von der Bille mit ihren Kähnen und Ewern hier gern den Abzweig, um am Hamburger Freihafen mit seinen besonderen Zollschranken vorbei mit ihren Gütern ins Zentrum der Stadt zum Markt zu schippern.

Sockel des Hafenkrans

Ein Viertel gerät in Vergessenheit Anfang des vorigen Jahrhunderts entwickelte sich Rothenburgsort zu einem wichtigen hafennahen Arbeiterstadtteil mit rund 40 000 Einwohnern. Der kleine Billhafen mit seinen Lagerhallen und Kontorhäusern lag plötzlich in jeder Beziehung verkehrsgünstig an der schnellsten Verbindung in die Hamburger City. Er bildete für den Warenverkehr aus dem Hamburger Umland praktisch den Übergang von der Vorstadt in die Kernstadt – entweder per Boot durch den Oberhafenkanal direkt ins Zentrum oder mit Wagen und Gespannen zu Lande. Das änderte sich mit dem Zweiten Weltkrieg, als Rothenburgsort durch Bombenangriffe fast komplett zerstört wurde. Danach geriet das Viertel bei den Städteplanern als Wohnquartier in Vergessenheit, neue Verkehrsachsen für Autos und Bahnen über die Elbe entstanden und zerschneiden den Stadtteil bis heute. Dazwischen verkümmerten der Billhafen und mit ihm die alten Kontorhäuser und Lagerhallen am Fuß der Elbbrücken. Kleine Fabriken und Werke mussten schließen, Büros machten dicht.

Stillleben mit Hafenkran Ein alter Löschkran aus den Fünfzigern steht inzwischen verträumt und mutterseelenallein auf dem Kai. Zwischen brausendem Autoverkehr, einem futuristischen neuen S-Bahnhof und dem letzten expressionistischen Kontorhaus ragt er wie ein gekrümmter Finger in den Himmel – als Zeitzeuge und Hamburgensie einer wechselvollen Hafengeschichte. Das aufgeräumte Hafenbecken lädt nur noch zum Verweilen ein, zum Angeln oder zu einem gemütlichen Sonnenuntergang im Schatten des Stahlriesen. Radsportler hetzen ohne einen Blick auf das Stillleben mit Hafenkran am Ufer des Beckens entlang Richtung Innenstadt oder stadtauswärts in die Marschen des Umlands.

Grabmal einer Epoche Das rostige Industriedenkmal ist längst Kult: Der Kran ist zum Symbol einer neuen Ästhetik des Verfalls geworden. Maler und Fotografen zieht es zu Dutzenden an. »Wilde Natur« haben Unbekannte zwischen hunderte Graffiti-Tags unter das Führerhaus gesprüht, als gelte es, das Grabmal einer ganzen Epoche zu kennzeichnen. Ein anderer Schriftzug trifft es vielleicht besser: »Pura vida M'ae« steht mit schwarzem Filzstift auf sonnigem Untergrund geschrieben – »pures Leben, mein Freund«, von der rostigen Baggerschaufel grüßt lächelnd ein Straßenjunge. Nur ein lieber Gruß aus dem Südamerikanischen oder doch eine Hommage an eine vergangene Zeit?

Der historische Löschkran ist Kultmotiv für Fotografen.

ZEUGS

3 Mahnmale des Feudalismus

Die Mausoleen

Zwei über 100 Jahre alte Monumente nordeuropäischer Bestattungskultur kämpfen ums Überleben.

Ort Ohlsdorf, Eingang zum Friedhof Fuhlsbüttler Straße 756 **GPS** 53.627530149319384, 10.040123893692378 **Anfahrt** Mit der S-Bahn S1 und S11 oder U-Bahn U1 bis Ohlsdorf; mit Bussen 172 und 179 bis U/S Ohlsdorf/Fuhlsbüttler Straße, von da jeweils 10–15 Minuten Fußweg. Mit den Bussen 174 und 274 bis U/S Ohlsdorf (Im grünen Grunde) sind es etwa 20 Minuten Fußweg; der Bus 270 fährt auf das Friedhofsgelände zur Kapelle 7, von da 2 Minuten Fußweg.

Steinskulptur »Das Schicksal«

Karriere eines Tankerkönigs Ende des 19. Jahrhunderts ist Wilhelm Anton Riedemann eine große Nummer in Hamburg. Der Kaufmann, Reeder und Spediteur, erfolgreich im Petroleumhandel und im Ölgeschäft, beteiligt sich zunächst am Bau des Hamburger Petroleumhafens. Weil es beim Transport von Petroleum in Holzfässern Leckage-Verluste von bis zu 30 Prozent gibt, lässt er 1885 das Vollschiff »Andromeda« zum ersten Tanksegler umbauen. Danach legt er den ersten Tankdampfer der Welt auf Kiel, der 1886 zur Jungfernfahrt von Hamburg nach Amerika ausläuft. Die »Glückauf« ist 97 Meter lang und kann 3000 Tonnen Öl bunkern. Zur Krönung seiner Karriere gründet er zusammen unter anderem mit dem amerikanischen Ölmagnaten John D. Rockefeller die Deutsch-Amerikanische Petroleum Gesellschaft (DAPG), die 1950 zu ESSO wird. Anfang des ersten Weltkriegs bringen Firmen, an denen der Tankerkönig beteiligt ist, die größte Tankschiffflotte der Welt auf die Meere.

Gedenken an die Tochter Riedemann war streng katholisch, er stiftete in Hamburg den Bau einer Kirche im Andenken an seine Frau und errichtete 1905, nachdem seine geliebte Tochter Sophie im Alter von nur 16 Jahren verstorben war, zu ihren Ehren das Mausoleum Riedemann auf dem Friedhof Ohlsdorf. Der kreuzförmige Zentralbau in neoromanischem Stil mit einem achteckigen und 18 Meter hohen Mittelturm bietet Platz für 13 Grabstellen. Es wurden im Lauf der Jahre allerdings nur fünf belegt. 1939 gab die Familie das Mausoleum auf und überführte in den Fünfziger-

Das Riedemann-Mausoleum auf dem Friedhof Ohlsdorf

jahren die letzten sterblichen Überreste auch der Tochter in die Schweiz, wo Riedemann bereits 1920 verstorben war.

Teures Zeugnis einer Epoche Das Mausoleum am Nordwestrand des weltgrößten Parkfriedhofs kümmert seitdem vor sich hin. Wenige Monate vor seinem Tod 2020 findet der beliebte und zu dem Zeitpunkt schwer krebskranke Hamburger Volksschauspieler Jan Fedder Gefallen an der Idee, dort bestattet zu werden. Es gibt Gespräche, aber die Idee bleibt eine Idee. Wohl auch, weil die Sanierungskosten auf 1,5 Millionen Euro geschätzt werden und das privat für Fedder kaum zu stemmen war. Der Erhalt des Mausoleums ist finanziell aufwendig. Andere Nutzungsmöglichkeiten für Lesungen oder Kulturevents sind umstritten. Im TV-Krimi »Großstadtrevier« diente es jüngst als Kulisse, aber das öffentliche Interesse an dem Zeugnis einer Bestattungskultur, deren Blütezeit hundert Jahre zurückliegt, hält sich in Grenzen. Zumal es mit dem Mausoleum des Baron von Schröder gleich nebenan noch einen zweiten, ungleich größeren Problemfall dieser Kultur gibt.

Ein Sakralbau für den reichen Bankier Der Hamburger Freiherr Charles von Schröder ließ seinen Sakralbau 1906 aus rotem Sandstein ebenfalls in neoromanischem Stil errichten – als achteckigen Bau mit einer Grundfläche von 200 Quadratmetern und 24 Gruftkammern. Über dem Unterbau erhebt sich ein von sechs Säulen und zwei Stützpfeilern getragener Tambour mit einer Kuppel, die mit Kupferblech gedeckt ist. Charles von Schröder war vor allem eines: Sohn und Nachkomme. Deshalb baute er das Mausoleum auch für seinen Vater Baron Johann Heinrich von Schröder, der 1883 gestorben war. Der Baron ist Gründer einer Privatbank, die zu einer der bedeutendsten Handelsbanken in Europa aufstieg. Zugleich handelte der Kaufmann mindestens ebenso erfolgreich mit Zucker, Baumwolle, Kaffee oder auch Indigo. Die erfolgreiche Kombination von Handel und Handelsfinanzierung bescherte ihm ein beträchtliches Vermögen und seiner Heimatstadt Hamburg eine Wohnanlage zunächst für bedürftige Frauen höherer Stände, das Schröderstift, sowie eine hübsche Grünanlage, Schröders Elbpark. An dem Mausoleum verloren seine Nachfahren allerdings schnell das Interesse. Von den 24 Grabplätzen wurden gerade mal vier vorübergehend belegt. 1936 liefen die Nutzungsrechte der Familie ab, die sterblichen Überreste wurden in die Schweiz verbracht, wo die Nachfahren lebten.

Bleiglasfenster im Riedemann-Mausoleum

Kultur der Gründerzeit Die Kultur des Todes, Sterbens und Bestattens erlebte ihren wohl größten Aufschwung in der Gründerzeit, zwischen 1870 und 1925. Auf vielen Friedhöfen, so hat die Hamburger Kulturhistorikerin und Friedhofsexpertin Barbara Leisner herausgefunden, ließen in dieser Zeit »zu Geld gekommene Unternehmer, Kaufleute, Ärzte und Akademiker solche repräsentativen Begräbnis- und Erinnerungsräume errichten«. Auf dem Gelände in Ohlsdorf wurden ab 1897 16 dieser Mahnmale des Feudalismus errichtet. Zeitweise war »der Baulärm so störend, dass der erste Friedhofsdirektor Wilhelm Cordes eigens einen besonderen Bereich längs der nördlichen Friedhofsgrenze für solche Neubauten« ausweisen ließ, recherchierte die Historikerin.

Kunstvoller Zugang zum Riedemann-Mausoleum

Paten gesucht Ein anderes gesellschaftliches Verständnis lässt im 20. Jahrhundert die Nachfrage nach prächtigen Grabbauten bei Hamburgs Pfeffersäcken drastisch sinken. Um die architektonischen und kulturellen Kleinode zu erhalten, bedarf es finanzieller Kraftakte. Und zwar von Dritten. Der Friedhof darf rechtlich kein Geld für Bestattungen über der Erde ausgeben, für die Sanierung der denkmalgeschützten Grabkapellen mit ihren wertvollen Wand- und Deckenbemalungen oder den bunten biblischen Glasfenstern braucht es vor allem gut betuchte Paten. Und noch dazu verlässliche.

Zauberflöte zwischen Grabkammern Bei dem Mausoleum von Schröder ging das gründlich schief. Der Verfall des denkmalgeschützten Baus mit seinen reichen Verzierungen, Bleiverglasungen und historischen Reliefs ist »exponentiell«, sagt Friedhofssprecher Lutz Rehkopf, vor allem an der Kuppel. Der Sanierungsbedarf kann nach Expertenschätzung bis zu 20 Millionen Euro teuer werden. Da traf es sich, dass ein angesehener Hamburger Kulturmäzen 2009 die Patenschaft übernahm – eigentlich für 100 Jahre. Drei Jahre lang schien die Patenschaft auch einigermaßen erfolgreich – für alle Seiten. Filme werden unter der Kuppel gezeigt, nächtliche Gottesdienste zelebriert oder Musik- oder Leseabende veranstaltet. Für eine Filmversion der »Zauberflöte« wurde ein Trailer zwischen Grabkammern und christlichen Symbolen gedreht. Doch viel zu schnell ging dem Mäzen das Interesse flöten oder die Finanzkraft. Weil er »seinen Verkehrssicherheitspflichten« nicht mehr nachkam, wurde ihm 2019 die Patenschaft »wegen Untätigkeit« entzogen.

Fledermäuse und Totenköpfe Das Betreten ist inzwischen wegen Einsturzgefahr der Kuppel untersagt, der Schimmel tropft von Wänden und Decke, das Dach ist im Winter mit einer Plane abgedeckt. Sonnenlicht, das durch einige noch intakte Deckenfenster mit bunten Glasmosaiken fällt, hüllt die morbide Stimmung in warmes Licht. Aber nur noch Fledermäuse und Totenköpfe aus Stein sind in dem prunkvollen Mausoleum zuhause. Die Skulptur des bekannten Bildhauers Hugo Lederer auf dem Rasen vor dem Sakralbau scheint beinahe symptomatisch. Eine Lady aus Stein zerrt zwei junge Leute an den Haaren hinter sich her, als wolle sie ihnen ihre Schandtaten vor Augen führen. Titel des Kunstwerks: »Das Schicksal«. Ganz anders im Mausoleum Riedemann nur wenige Schritte nebenan. Goldenes Licht fällt durch reich mit Bleiglas verzierte Fenster, die Szenen aus dem Leben Jesu zeigen. Die Wände zwischen Türmchen, Giebeln und Bogen erstrahlen in Beige- und Ockertönen. Auf dem Altarblock steht eine imposante Marmorgruppe der drei Frauen mit Engel am Grab Christi, eingerahmt von leuchtenden alten Mosaikfenstern. Es ist ein seltsamer Kontrast von drohendem Verfall und kultureller Auferstehung, die den Besucher einnimmt und nicht loslässt.

Historische Glasfenster im Riedemann-Mausoleum

Das baufällige Mausoleum von Schröder ist durch einen Zaun geschützt.

4 Kein Zug wird kommen

Der Schellfischtunnel

Der Wettbewerb zwischen den Fischern von Hamburg und Altona wurde unter der Erde entschieden.

Ort Altona, Präsident-Krahn-Straße; der Tunnel führt vom Bahnhof Altona zum Elbberg **GPS** 53.553031588623504, 9.935930149874702 **Anfahrt** Zum nördlichen Eingang am Bahnhof mit diversen S-Bahnlinien, unter anderem S1, S2, S3 bis Bahnhof Altona. Der Fußweg durch den Ausgang in Richtung Neue Große Bergstraße zur Autoverladung dauert 3 Minuten. Außerdem fahren verschiedene Busse zum Bahnhof Altona. Das Tunnelende am Eingang Süd nahe der Großen Elbstraße am Elbberg ist öffentlich nicht zugänglich oder einsehbar.

Markenzeichen des Fischereihafens Eine lange Autorampe führt den Lieferverkehr mit Lastwagen unter die Erde zum Lager eines Elektrofachmarktes direkt unter dem Bahnhof Altona. Das alte stumpfe Bahngleis am Rand der Rampe hat allerdings nichts mit dem Handelsunternehmen zu tun. Es biegt kurz vor der Einfahrt in die Tiefgarage in einen Tunnel nach links ab und wird hinter einem massiven Lattentor von tiefschwarzer Dunkelheit geschluckt. Obdachlose, die hier bisweilen ihr Lager aufschlagen, müssen sich keine Sorgen vor ungebetener Störung machen. Denn das Gleis und der Tunnel sind tot. Kein Zug wird kommen – und das schon seit fast 30 Jahren. Der Hafenbahntunnel Altona, wie er offiziell heißt, als jahrzehntelanges Markenzeichen des Fischereihafens Altona, hat ausgedient. Er erinnert nur noch an längst vergangene Zeiten.

Altes Bahngleis zum Schellfischtunnel am Bahnhof Altona

Fisch in die Konserve Wenn es um Fisch geht, ist Altona Ende des 19. Jahrhunderts ganz weit vorn. 1895 galt die unabhängige preußische Stadt unmittelbar vor den Toren Hamburgs als größter Fischereihafen Deutschlands. Altonas Holzhafen ist nur einen Steinwurf entfernt von der bis heute prunkvollen Fischauktionshalle und wird in den Geschichtsbüchern als Hamburgs ältestes Hafenbecken geführt. Dort und an benachbarten Kaianlagen elbabwärts wurde vor hundert Jahren tonnenweise Seefisch angelandet, ganz besonders Schellfisch aus der Familie des Dorsches und Hering. Zusätzlich verarbeitete eine stetig wachsende Zahl von Betrieben im Altonaer Fischereihafen den Fisch direkt. Nach dem Ersten Weltkrieg wurden in Altona knapp 40 Prozent des deutschen Bedarfs an Fischkonserven hergestellt. Die Hamburger Konkurrenz im benachbarten St. Pauli hatte es schwer.

Technologische Meisterleistung Altonas Wettbewerbsvorteil erklärte sich vor allem durch eine eigene Hafenbahn, die unmittelbar vom Schiffsanleger hinaus ins Land führte. Altona war die erste Stadt im deutschsprachigen Raum,

Gleisbett im Schellfischtunnel

die einen direkten Umschlag vom Schiff auf die Eisenbahn ermöglichte. Dabei war der Bahntransport damals eine technologische Herausforderung und Meisterleistung. Denn der Bahnhof als zentrale Verteilerstation lag weit über dem Meeresspiegel oben auf der Geest – an der Kante zum Flusstal, da wo heute das Rathaus des Bezirks seinen Sitz hat. Um dahin zu kommen, mussten die Güterwaggons auf einer Länge von nur 210 Metern einen Höhenunterschied von 30 Metern überwinden – für damalige Verhältnisse eine maximale Anforderung.

Schellfisch als Namensgeber Dazu mussten die Güterwagen auf spezielle Fahrgestelle umgesetzt werden, eine Art Rollböcke. Anfangs mithilfe von Pferden und später mit einem durch eine Dampfmaschine angetriebenen Seilzug wurden die Güterwaggons so über eine berüchtigte »schiefe Ebene« mit bis zu 15-prozentiger Steigung den Geesthang hoch vom Strom zum Bahnhof gezogen. 1874 beschloss die Altona-Kieler Eisenbahn-Gesellschaft das Ende dieser mühsamen Plackerei durch den Bau eines Tunnels. Der Hafenbahntunnel, im Volksmund wegen seiner Nutzung nur »Schellfischtunnel« gerufen, wurde am 18. Januar 1876 eröffnet. Auf 395 Metern Länge überwand er den Höhenunterschied vom Flusslauf zum Oberland auf der Schiene.

Luftschutz im Krieg Als der Bahnhof nach Norden an seinen heutigen Standort verlegt wurde, musste der Tunnel verlängert werden, bis auf eine Länge von fast einem Kilometer. Dampf und Rauch wurden in der nun 961 Meter langen Röhre schnell zu einem immer größeren Problem, bis die Strecke elektrifiziert und ab 1911 mit drei Elektroloks bedient wurde. Während der Luftangriffe im Zweiten Weltkrieg diente der Tunnel vielen Menschen als inoffizieller Luftschutzraum. Nach dem Zweiten

Weltkrieg verlor der Altonaer Fischereihafen, der samt Stadtteil 1937 durch das Groß-Hamburg-Gesetz der Hansestadt zugeschlagen wurde, rasant an Bedeutung. Moderne Fangschiffe froren die Fische bereits an Bord ein oder verarbeiteten sie noch auf See. Die Häfen zur Anlandung waren dadurch beliebig geworden. Parallel bekam der Gütertransport auf der Schiene neue Konkurrenz durch die Straße. Weil zudem der Betriebsstrom wegen der modernen neuen S-Bahnen umgestellt wurde, mussten die E-Loks wieder Dieselloks weichen. Und die alten Umweltprobleme mit der Abluft wurden wieder zu neuen. Als dann 1989 und 1992 auch noch die letzten großen Firmen ihren Hafenstandort aufgaben, war die Hafenbahn nicht mehr zu retten, der Tunnel wurde nicht mehr gebraucht.

Illegale Besucher haben ihre Spuren im Tunnel hinterlassen.

Rechte Seite: Südausfahrt des Schellfischtunnels zum Hafen

Bahnsteig zum Hafenklang Neue Nutzungskonzepte wurden erarbeitet, erörtert und wieder verworfen. Als am Hafenrand ein neues Quartier mit modernen Büros, Wohnungen und Restaurants in unmittelbarer Nähe des immer noch wichtigen Fischgroßmarktes entstand, spielte der Tunnel noch einmal eine Rolle. An der Rückfront eines Bürohauses, dort, wo die alten Gleisanlagen am Südausgang des Tunnels wieder ans Tageslicht führen, wurde sogar ein provisorischer Bahnsteig gebaut – man konnte ja nicht wissen. Doch der dient nur als Terrasse, das alte Gleisbett davor ist der wuchernden Natur überlassen.

Beklemmend und einladend Wer die ovale Röhre von Norden her kommend auf alten Holzschwellen zwischen den Gleisen durchschreitet, kann sich ihrem Bann nicht entziehen: Erst vorbei an groben Betonwänden, die den Tunnel wie ein Gips umschließen, zum Schluss entlang hundert Jahre alter Backsteinmauern, von denen der Putz abfällt. Der Tunnel beklemmt, wenn über den Köpfen die unterirdische S-Bahn rumpelt, und er lädt ein – mit seiner schaurig schönen Stimmung. Ein Paar Musikfans haben sich davon einfangen lassen. Sie flexten vor etlichen Monaten die Eisengatter auf und schleppten Sofas, Tische und allerlei Party-Utensilien in die Röhre – bis sie aufflogen. Zwei Tage brauchte die Stadtreinigung, um den Krimskrams zu entsorgen. Inzwischen erinnern nur noch schrille Graffiti an den Wänden an die illegalen Besucher und ein mit Filzstift gekritzelter Spruch an einer Metallplatte am Eingangstor: »Wir kommen wieder!!!«. Besser nicht: Die zuständige Behörde suchte das zu verhindern, denn der Tunnel galt lange als zum Teil einsturzgefährdet. Inzwischen wird an einem neuen Konzept für Besichtigungstouren gearbeitet. Solange bleibt als letztes Relikt der Hafenbahn für die Öffentlichkeit ein ehemaliges Gebäude der Hafenbahn in der Großen Elbstraße, das um 1860 als Stallung für die Pferde diente. Nach aufwendiger Sanierung hat dort unter anderem der beliebte Musikclub »Hafenklang« wieder seine Heimat gefunden.

Am Südtor kündigen Partygänger ihre Wiederkehr an.

5 Graue Wölfe

Der U-Boot-Bunker

Vom Rüschhafen auf Finkenwerder gingen im Zweiten Weltkrieg Tod und Verderben für die Schifffahrt auf dem Nordatlantik aus.

Ort Finkenwerder, Rüschweg am Rüschkanal **GPS** 53.541265142197474, 9.854119767785138
Anfahrt Mit der Elbfähre 64 von Teufelsbrück bis Rüschpark oder der Elbfähre 62 von Landungsbrücken bis Finkenwerder, dort umsteigen in Fähre 64 bis Rüschpark. 2 Minuten Fußweg. Oder mit dem Bus Linie 150 von Bahnhof Altona bis Nordmeerstraße, 6 Minuten Fußweg.

Von schönen Aussichten zum Politikum Vom Ufer der ehemaligen Elbinsel Finkenwerder gibt es einen der schönsten Blicke auf die Stadt. Der Elbstrand gegenüber, dahinter der immergrüne Jenischpark und etwas westlich stromab das Treppenviertel von Blankenese mit seinen schnieken Kapitänshäusern und Villen. Gestört wird die Aussicht eigentlich nur durch die Riesenhalle der Flugzeugbauer von Airbus gleich nebenan und eine wuchtige Betonruine, die sich auf einem Zipfel des Airbus-

Fundamente des U-Boot-Bunkers am Rüschhafen

Geländes in Finkenwerder unweigerlich in den Blick drängt. Es ist im wahrsten Sinn des Wortes ein geschichtsträchtiger Platz dort am Rüschkanal, das wird schnell klar. Der Kampf um den Industriestandort für Flugzeugbauer und die dafür nötige Zuschüttung des Mühlenberger Lochs, eine Ausbuchtung der Niederelbe vor Finkenwerder, wurde vor 25 Jahren zum großen Politikum der Stadt. Als sich nach jahrelangem Rechtsstreit und politischen Kämpfen die wirtschaftlichen Interessen gegen die der Umweltaktivisten durchgesetzt hatten, gab es gleich die nächste Überraschung. Bei Grabungsarbeiten zur Verlängerung der Betriebsstartbahn für Montageflüge legten Bagger ein Stück Geschichte frei: die Ruinen des U-Boot-Bunkers »Fink II« – so benannt nach seinem Standort auf Finkenwerder.

Kontrolle über den Nordatlantik Im Frühsommer 1940, als Hitler in seinem nationalsozialistischen Größenwahn erst Frankreich besetzte und durch Luftangriffe gleich noch England einnehmen wollte, gab das Oberkommando der Marine die Planung neuer U-Boot-Bunker in Auftrag, unter anderem von Fink II. Die Marine brauchte dringend Unterseeboote für ihren Angriffskrieg. Bei Kriegsbeginn erwiesen sich nur 39 der 57 existierenden deutschen Tauchschiffe als kriegstüchtig. Der Befehlshaber der Flotte, Konteradmiral Karl Dönitz, wollte in nur wenigen Monaten 300 U-Boote im Einsatz haben, um damit Herrschaft und Kontrolle über Nachschubwege auf

Ehemaliges Verwaltungsgebäude der Deutsche Werft

Rückansicht des Bunkers in der Elbeinfahrt

dem Nordatlantik zu gewinnen. Im März 1941 – der Angriff auf England war kläglich gescheitert, aber Norwegen und Dänemark waren besetzt, deutsche Truppen marschierten auf den Balkan und Hitler gab den Befehl zum Angriff auf Russland – begannen auf dem Gelände der Deutschen Werft vor den Toren Hamburgs die Bauarbeiten zu Fink II. Der erste Bauabschnitt mit zwei Nasskammern für zusammen sechs Liegeplätze war bereits im Dezember 1941 betriebsbereit, 1944 waren alle fünf Boxen fertig. Beim Bau wurden hunderte Kriegsgefangene, Zwangsarbeiter und KZ-Häftlinge eingesetzt. Wie viele genau, ist historisch nicht überliefert. In enger Nachbarschaft zu Fink II gab es allerdings mindestens drei Arbeitslager. Die Deutsche Werft etwa betrieb hier ab Oktober 1944 fast bis Kriegsende ein Außenlager des KZ Neuengamme für rund 600 männliche Häftlinge vor allem aus der Sowjetunion, aber auch aus Polen, Belgien, Frankreich und Dänemark. Zum Teil schon ab 1941 setzten auch andere Hafen- und Betonbauunternehmen unter unmenschlichen Bedingungen Zwangsarbeiter aus Finkenwerders Lagern ein. Viele überlebten die Strapazen und Schindereien nicht.

Schrecken aus Betonkammern Ohne Rücksicht auf Opfer wurde Fink II nach dem Bremer Bunker Valentin zum wohl größten deutschen U-Boot-Bunker in Nordeuropa. Der Bunker war gut 150 Meter lang, etwa 153 Meter breit und bot 15 U-Booten Platz. Die Bauherren verbauten 130 000 Kubikmeter Stahlbeton, um den Stolz der Nazi-Flotte mit bis zu 3,60 Meter dicken Betondecken vor Bombenangriffen zu schützen. Die ersten Betonkammern wurden auf dem Trockenen geschüttet. Erst als die fertiggestellt waren, wurde als Zufahrt zur Elbe der Rüschkanal ausgehoben und dazu ein großes Wasserbecken für Wendemanöver der U-Boote – der heutige Rüschhafen. Der U-Boot-Bunker wurde nicht nur für Reparatur- und Montagearbeiten genutzt. Bis Kriegsende liefen hier nach historischen Quellen 114 U-Boote des Typs VII C vom Stapel – das meistgebaute U-Boot des Zweiten Weltkriegs, das

Die Ruinen der U-Boot-Kammern trotzen jedem Sturm.

auch die Hauptrolle in der neuen Romanverfilmung »Das Boot« spielte. Auch von Finkenwerder aus verbreitete Hitlers U-Bootstreitmacht mit den »Grauen Wölfen«, wie sie im Jargon von Propaganda und Kriegsberichterstattung getauft wurden, bis Kriegsende Schrecken und Leid auf dem Atlantik.

Bunkerreste tauchen wieder auf Am 9. April 1945 trafen britische Luftstreitkräfte mit ihren Bomben Fink II und richteten schwere Zerstörungen an, trotzdem konnte am 18. April, drei Wochen vor Kriegsende, dort noch das letzte Kampfschiff vom Stapel laufen: U2371. Gut fünf Monate nach der Kapitulation sprengten britische Truppen den Bunker, Stützwände und Teile des noch stabilen Daches stürzten ein. Aber es gelang nicht, die Bunkerwerft dem Boden gleich zu machen, zu widerstandsfähig erwiesen sich die Betonfundamente. In den Achtzigerjahren, die Deutsche Werft hatte längst dichtmachen müssen, wurde das Gelände mit den Ruinenresten erst zugeschüttet und Jahre später zu einem Aussichtshügel aufgeschüttet. Aber die Freizeitfreuden währten nur kurz. 2002 wurde die Erde erneut bewegt, Airbus brauchte längere Start- und Landeflächen und die Bunkerreste kamen wieder ans Tageslicht. Die Ruinen wurden zum Teil eines Mahnmals.

Mahnmal erinnert: Nie wieder! Spaziergänger, die auf der anderen Seite des schmalen Kanals im Rüschpark unterwegs sind, bekommen beim Anblick der Bunkerreste einen Eindruck von der gewaltigen Dimension. Am Ende des Kanals zur Einfahrt in die Elbe, auf einer Landzunge mit dem Hamburg-Panorama im Rücken, ruhen die bedrohlichen Überreste der fünf U-Boot-Kammern deutlich erkennbar. Zugänglich ist die Bunkerruine nicht, denn sie liegt auf dem Firmengelände von Airbus. Auf Gedenktafeln im Park gegenüber und vor dem ehemaligen Verwaltungsgebäude der Deutsche Werft werden Spaziergänger an das Leid erinnert, das von diesem U-Boot-Stützpunkt ausging: Nie wieder!

6 Zeuge der Gründerzeit

Die Schule Neuhof

Ein ganzer Ortsteil musste der Hafenerweiterung weichen, nur die Lehranstalt des Quartiers überlebte – ungenutzt.

Ort Wilhelmsburg/Neuhof, Neuhöfer Damm 95, Ecke Nippoldstraße **GPS** 53.51390653603443, 9.968938423024493 **Anfahrt** Busse 151 und 152 bis Nippoldstraße (Ost), 2 Minuten Fußweg. Parken mit dem eigenen Auto vor der ehemaligen Schulzufahrt Nippoldstraße West.

Wahrzeichen der Moderne Die mächtige Köhlbrandbrücke im Hamburger Hafen ist längst zum Wahrzeichen der Moderne für die Elbmetropole geworden. Mit einer Gesamtlänge von 3618 Metern überspannt sie den Köhlbrand, einen Arm der Süderelbe, und verbindet die Elbinsel Wilhelmsburg mit der Autobahn. Die 53 Meter hohe Schrägseilbrücke mit ihren 135 Meter hohen Pfeilern ist aus vielen Teilen der Stadt weithin sichtbar. Eigentlich soll sie die Hafenverkehre der Lkw und Lieferwagen zum Anschluss an die A7 im Westen und die A1 im Osten befördern und ist deshalb in der Stadt auch nicht als allgemeiner Verkehrsweg ausgeschildert. Wie wichtig die

Leer stehende Schule Neuhof

Links: Zerstörte Kellerfenster

Rechts: Bänke auf dem verwilderten Pausenhof

Brücke war und ist, kann fast täglich beobachtet werden, wenn sich lange Lkw-Kolonnen oft nur im Schritttempo über die Brücke bewegen. Einheimischen dient sie aber auch als Schleichweg, um von Süden kommend Staus vor dem Elbtunnel oder den Elbbrücken zu umfahren.

Ein Stadtteil verschwindet Das mächtige Bauwerk schrieb Geschichte, und das gleich in doppelter Beziehung: Die Brücke schuf erstmals eine Querverbindung für den Hafenverkehr unter Umgehung des innerstädtischen Straßennetzes und wurde als Bauwerk mit dem Europäischen Stahlbaupreis ausgezeichnet. Zugleich vernichtete sie einen ganzen Stadtteil. Denn während des Brückenbaus in den Siebzigerjahren und wegen der neuen Nutzungsmöglichkeiten der Anliegerflächen für Fabriken und Container-Logistik wurde die Elbinsel Neuhof zum Industriegebiet erklärt. Ein ganzer Ortsteil war den Planungen im Weg und musste dafür verschwinden – ein Stadtgebiet, dessen Geschichte bis ins 17. Jahrhundert zurückreicht, als sich erstmals Milch- und Gemüsebauern auf Neuhof ansiedelten. Zweihundert Jahre später gründeten sich dort namhafte Werften für den Schiffbau, Öl- und Mühlenwerke nahmen den Betrieb auf. 1910 wurde Neuhof nach Wilhelmsburg eingemeindet, kurz danach errichtete eine Wohnungsbaugesellschaft dort erstmals Mietshäuser – 87 Wohnblocks für rund 3000 Menschen, vornehmlich wohl Arbeiter in den Hafen- und Industriebetrieben. Die meisten der Blocks standen nun auf einmal in unmittelbarem Schatten der östlichen Brückenrampe. Als mit der Einweihung der Köhlbrandbrücke 1974 der Stadtteil Neuhof auch noch zum Hafenerweiterungsgebiet erklärt wurde, mussten die Wohnhäuser abgerissen und ihre Mieter umgesiedelt werden. An den Ortsteil erinnert so gut wie nichts mehr – mit einer Ausnahme: die Schule am Neuhöfer Damm.

Millionen für Asylbewerber Direkt an der östlichen Zufahrt zur Brücke ragt der rote Backsteinbau zwischen Industriehallen, Containerhöfen und Gewerbeplätzen wie ein Mahnmal und letzter Zeuge eines einst lebendigen Gründerzeitviertels empor. Die eigens für den Stadtteil errichtete Schule fiel den veränderten Stadtplanungen zum Opfer und musste schließen. Anders als die benachbarten Wohnblocks wurde sie allerdings nicht abgerissen. 1990 wurde sie sogar noch mit Millionenaufwand durch den Einbau von Duschen, Küchen und der Instandsetzung von rund 30 Räumen für

die Aufnahme von bis zu 100 Asylbewerbern hergerichtet. Seit 2007 steht sie wieder völlig leer und verfällt. Denkmalschützer sind in Alarmstimmung und Sorge um die Gründerzeitfassaden mit ihren geometrisch angeordneten Fensterflächen und stellenweiser Ornamentik. Massive Gitterzäune und mit Platten vernagelte Fenster im Erdgeschoss schützen den Bau vor unbefugtem Zutritt, trotzdem sind Scheiben eingeworfen und Wände beschmiert. Immer wieder wird von Schäden durch Vandalismus berichtet. Teile des früheren Pausenhofs sind inzwischen zu einem schwer durchdringbaren Unterholzbiotop geworden, in dem die ehemaligen Park- und Ruhebänke von Pflanzen überwuchert sind und verrotten.
Eine neue Verwendung scheiterte bislang vor allem an der Hamburg Port Authority, die für das Grundstücksmanagement verantwortlich ist. Kulturinitiativen aus Wil-

helmsburg würden das Schulgebäude gern für ihre Belange nutzen, mit Ateliers und Werkstätten für die Kreativwirtschaft, Übungsräumen für Musiker und Bands, einer ökologischen Gärtnerei und vielleicht sogar einem Küchenangebot für Mittagstisch. »Die Ideen sind alle nicht neu, aber der Ort bietet jetzt die Möglichkeit, viele Ideen miteinander zu kombinieren«, argumentieren die Initiativler. Unterstützt werden die jungen Kulturschaffenden vom Denkmalverein Hamburg. Doch die nachhaltige Umsetzung solcher Konzepte, die bereits seit einigen Jahren auf dem Tisch liegen, scheitert noch an den besonderen rechtlichen Voraussetzungen. Die erlauben nur »hafenkonforme Nutzungen« und Kultur gehört bislang nicht dazu. So haben allein Fotomotivjäger und Hobby-Entdecker ihre Freude an dem historischen Gründerzeitbau und seinem zunehmenden Verfall.

Das Gelände der Schule Neuhof ist massiv gesichert.

7 Reptilien und Frösche

Der Tunnelstutzen

Ein altes Stück U-Bahn-Röhre erinnert an eine Strecke, auf der seit den Bombennächten 1943 kein Zug mehr fuhr.

Ort City, Kurt-Schumacher-Allee/Besenbinderhof 43 **GPS** 53.55125772810022, 10.014515453704782
Anfahrt Mit diversen U- und S-Bahnlinien bis Hauptbahnhof, Fußweg 4 Minuten, oder verschiedenen Buslinien bis ZOB, Fußweg 2 Minuten.

Abstieg in die Unterwelt Der Einstieg in ein besonderes Stück Unterwelt verbirgt sich an einer viel befahrenen Straße nicht weit vom Hauptbahnhof – auf einem schmalen Grünstreifen zwischen dem Gewerkschaftshaus und dem Zentralen Omnibusbahnhof auf der anderen Straßenseite. Eine schwere und gut gesicherte Metallplatte auf einem kleinen Steinsockel bedeckt den Abstieg, der für eilige Fußgänger nicht näher zu identifizieren ist. Es kommt nicht oft vor, dass Mitarbeiter der Hamburger Hochbahn die Platte heben und der Grund dafür muss schon ein guter sein. In der etwa 1,50 mal 1,50 Meter großen Luke führt eine Eisenleiter einige Meter steil nach unten, direkt in den Tunnelstutzen einer alten U-Bahn-Röhre, in der seit 1943 kein Zug mehr verkehrt. Der Stutzen mit seinem Gleisbett führt über rund 250 Meter langsam ansteigend unter der Erde, bis er wieder ans Tageslicht kommt. Der

Noteinstieg in den alten U-Bahn-Tunnel

Austritt sieht aus wie der Kellereingang zu einem Bürohaus, das 1920 über dem Tunnelstutzen erbaut wurde und heute eine Versicherung beherbergt.

Ein Metrolinie mit nur vier Stationen Schon bei den Planungen des ersten innerstädtischen U-Bahnrings hatten die Planer Anfang des vorigen Jahrhunderts an einen Abzweig nach Rothenburgsort gedacht. Das Arbeiterquartier an der Norderelbe war damals dicht besiedelt, der Stadtteil und die Werktätigen vor allem aus dem Hafen sollten mit öffentlichen Verkehrsmitteln besser an ihre Arbeitsplätze angebunden sein. 1909 begannen die Bauarbeiten für einen 3,23 Kilometer langen Streckenast, wie es damals hieß, der östlich des Hamburger Hauptbahnhofs zur Elbe abbog. Am 27. Juli 1915 wurde die Metrolinie in Betrieb genommen, die nach einigen hundert Metern unter der Erde über eine Rampe auf einen Viadukt führte und nur vier Haltestellen hatte. Nach sieben Minuten Fahrzeit endete die Strecke in Rothenburgsort dort, wo heute ein Bahnhof der S-Bahn steht. Ein Betriebshof mit drei Kehrgleisen lag dahinter, das war's. Die kurze Streckenführung war eine technische Meisterleistung für

Die ehemalige Tunnel-Ausfahrt ist jetzt ein Materiallager.

Zugemauertes Gleisbett des alten U-Bahn-Tunnels

Planer und Bauer, denn mit langen Brücken von beachtlichen Spannweiten mussten Eisenbahngleise und Bahndämme überquert werden. Wer sich heute einen Eindruck von der Bauart machen möchte, braucht sich nur die historische und aus vielen Fernsehfilmen bekannte Hafenstrecke der Hochbahn auf ihrem Viadukt zwischen Rödingsmarkt und den Landungsbrücken am Hafenrand anschauen. Die alten Bahnhöfe der Rothenburgsort-Linie entsprachen den heutigen Stationen Baumwall und Rödingsmarkt.

Lenz erzählt vom Schwarzhandel Auf den Tag genau 28 Jahre nach ihrer Eröffnung war das Ende der Kurz-Linie nach Rothenburgsort schon wieder besiegelt. Nachts gegen ein Uhr startete am 27. Juli 1943 die Bombardierung Hamburgs, die als »Operation Gomorrha« in die Geschichtsbücher einging. Rothenburgsort und seine Nachbarquartiere wurden zu 90 Prozent zerstört, nach Kriegsende fuhr dort nie wieder ein Zug. Die Stahlträger des Bahnviadukts wurden demontiert und die Bahnhöfe rückgebaut. Nur der Tunnelstutzen hatte noch nicht ausgedient. Während des Krieges wurde er noch als provisorischer Schutzraum genutzt. Später lagerte das nahegelegene Zoologische Museum dort Sammlungsstücke ein – darunter, so behaupten Chronisten, Tierpräparate in mit Alkohol gefüllten Glasbehältern. Siegfried Lenz, der große deutsche Autor und Hamburger Ehrenbürger, soll dies zum Anlass für eine Geschichte in seinem Bändchen »Lehmanns Erzählungen – so schön war mein Markt« genommen haben. In dem Buch erzählt ein Schwarzhändler, wie er nach dem Krieg Schnaps für die Alliierten besorgt, indem er »Reptilien und Frösche von ihrer Alkoholumhüllung befreit« und den Alkohol »vergnüglicheren Zwecken« zuführt. Später diente der Tunnel dann als Lager und Verladestation für Lebensmittel, Mitte der Fünfzigerjahre wurden die letzten Gleise abgebaut. Nachdem eine Versicherung den Tunnelschacht eine Zeitlang als Archiv für Akten nutzte, steht er seit rund 15 Jahren leer.

Für Fahrgäste gesperrt Eine Nutzung ist kompliziert. Denn der Keller mit Tunnelstutzen gehört der Hamburger Hochbahn, das Gebäude über der Erde aber dem Versicherungskonzern. Nur äußerst selten konnte die ehemalige U-Bahnröhre deshalb in den vergangenen Jahren besichtigt werden. Für Publikumsverkehr und erst recht Fahrgäste ist der Tunnel nicht zugänglich, die unterirdische Zufahrt zum Hauptbahnhof ist zugemauert. Dabei sieht die hell getünchte Tunnelröhre mit ihren Stahlträgern und dem kurvigen Gleisbett von innen aus, als wäre der letzte Zug hier vor gar nicht allzu langer Zeit erst gefahren. Aber die Schienen fehlen, nichts geht beziehungsweise fährt hier mehr.

Nur die Schienen fehlen im Gleisbett des alten Bahntunnels.

8 Tote Ratten

Die Zollschuppen

Deutschlands einst modernste und größte Zollstation verfällt im Streit zwischen Denkmalschutz und Politikinteressen.

Ort Veddel, Tunnelstraße 1 **GPS** 53.5284697720532, 10.020893111959262 **Anfahrt** Mit der U-Bahn U4 oder der S-Bahn S3/S31 bis Elbbrücken, von dort 10 Minuten Fußweg; vom S-Bahnhof Veddel (S3/S31) 10–15 Minuten zu Fuß. Parkplätze sind auf dem Gelände vorhanden.

Erinnerung an den Freihafen Es ist einer der wohl unwirtlichsten Plätze der Stadt, der sich am Südufer der Norderelbe zwischen der betagten Freihafenelbbrücke und den Neuen Elbbrücken auftut. Lastwagenkolonnen umkurven in einem nicht en-

denden Strom den Platz auf dem Weg in den Hafen oder Richtung Autobahnzubringer. Ewiger Verkehrslärm und Abgase umhüllen die letzten Wohnhäuser des Stadtteils Veddel, der sich auf drei Elbinseln zwischen tosenden Verkehrsachsen und Industrieatollen versteckt und nicht eben zu Hamburgs ersten Wohnadressen gehört. Auf dem Platz an der Tunnelstraße stehen in Nord-Süd-Richtung drei lange Abfertigungsschuppen mit Laderampen auf beiden Seiten, über die lange Flugdächer weit vorkragen. Aber Leben ist nur noch in der kleinen Fischbratküche nebenan, die in der Stadt Kultstatus hat. Die Hallen stehen leer und gammeln vor sich hin. Sie sind das letzte Relikt, das an die Hochzeit des Freihafens und ein wichtiges Stück Hamburger Geschichte erinnert. Ohne ihn wäre die Elbmetropole nicht das, was sie heute ist.

Das Ende allgemeiner Zollabgaben Als die Freie und Hansestadt Ende des 19. Jahrhunderts ihre Unabhängigkeit endgültig verlor und sich dem Zollanschluss an das Deutsche Reich nicht länger widersetzen konnte, handelte der Senat als Kompromiss

Alte Zollschuppen auf der Veddel

Laderampe für die Zollabfertigung

die Gründung des Freihafens ab 1888 aus. Die Jahrhunderte alte Zollgeschichte der Stadt wurde damit völlig neu justiert. Im 17. und 18. Jahrhundert verlangte die Hamburgische Admiralität als oberste Hafenbehörde auf alle Exporte und Einfuhren in die Stadt spezielle Abgaben. Es gab Konvoigeld, Land-, Erb- oder Werkzoll, Tonnen-, Baken- oder Bürgergeld, das zu entrichten war. Nach einer neueren Zollverordnung von 1839 mussten für in die Stadt eingeführte Waren 0,5 Prozent ihres Wertes als Abgabe gezahlt werden, für Ausfuhrgüter waren es 0,125 Prozent. Nach dem Zollanschluss beschränkte sich das Hamburger Zollgebiet nur noch auf den gegründeten »Freihafen«, der vom Stadtgebiet durch massive Zäune sorgsam abgeriegelt war und an dessen »Zollgrenze« Ein- und Ausfahrten streng kontrolliert wurden.

Alarm wegen der RAF Das Zollamt Veddel an der Tunnelstraße wurde 1957 als Deutschlands größtes und modernstes Zollamt in Betrieb genommen. Es war zugleich »Deutschlands erstes Autobahn-Zollamt«, erinnert sich Bernd Ringger, weil es unmittelbar zwischen der Zufahrt zur A255/A1 und der Osteinfahrt in den Freihafen lag. Ringger war 28 Jahre beim Zoll auf der Veddel und hat manches erlebt, wenn täglich tausende Lastwagen und Privatautos an vier Import-Rampen und einer Export-Rampe kontrolliert wurden. Ein »Kofferraum voller toter Ratten« gehörte dazu, die von einem asiatischen Gastronom »als Nahrungsmittel deklariert« worden waren. Oder ein altes Auto vom Typ »Horch« der SS von 1939, das ein Käufer für 75 000 Mark erworben hatte und heimlich, still und leise in die heimische Sammlung überführen wollte. Bisweilen mussten die Zöllner auch ihre Maschinenpistolen aus dem Keller holen, als zum Beispiel der viel gesuchte RAF-Terrorist

Christian Klar angeblich im Hafen gesichtet worden war – es handelte sich um Fehlalarm. Und dann waren da natürlich noch die klassischen Schmuggelgüter: Alkohol, Zigaretten, Teppiche oder natürlich Drogen.

Supermarkt oder Denkmal Nachdem das Ende des Freihafens zum 1. Januar 2013 offiziell besiegelt war und Ringger am letzten Werktag das Licht ausgemacht hatte, verfielen die Abfertigungsgebäude. Der Komplex ist vergittert, Wände und zum Teil noch »bauzeitliche Türen« sind mit Graffiti und Farbschmierereien übersät, Unkraut wuchert zwischen rostigen Treppengeländern und auf den Betonrampen – Betreten auf eigene Gefahr. Nur ein angrenzendes ehemaliges Verwaltungsgebäude wird zum Teil von jungen Wissenschaftlern als Bürohaus genutzt. Der Streit um die künftige Verwendung des Areals ist längst zum Politikum geworden. Bürger aus den naheliegenden Mietshäusern würden dort gern einen modernen Supermarkt angesiedelt sehen und die karge Lebensqualität durch Gewerbeansiedlung aufgebessert wissen. Das Bezirksparlament möchte die Zollschuppen am liebsten abreißen und unter anderem 350 dringend benötigte Wohnungen dorthin setzen. »Verkehrsgünstig« wäre in diesem Fall eine geradezu zynische Beschreibung der Wohnlage. Das Amt für Denkmalschutz sieht in dem Baukomplex dagegen ein »städtebaulich wie architektonisch markantes Zeugnis des ehemaligen Freihafens und ein herausragendes Dokument Hamburgischer Stadt-, Hafen und Wirtschaftsgeschichte«. Für manche Lokalpolitiker ist das schwer verständlich und realitätsfremd. Sie finden die Entscheidung der Denkmalschützer »boshaft und überhaupt nicht nachvollziehbar«. Wer will, kann sich ein eigenes Bild machen. Parkplätze gibt es auf der Fläche jedenfalls in ausreichender Zahl.

Das Gitter hat die Sprayer nicht fernhalten können.

9 Sandberg mit Sprengkraft

Die Dynamit-Fabrik

Wie Alfred Nobel Hamburg und einer kleinen Elbgemeinde zu zweifelhaftem Ruhm verhalf.

Ort Geesthacht-Krümmel, Max-Planck-Straße 1 **GPS** 53.41056488916526, 10.422622713799946
Anfahrt Mit dem Bus Linie 8800 von Bahnhof Bergedorf und ZOB Geesthacht oder dem eigenen Auto direkt zum Helmholtz-Zentrum; die Bunkerruinen liegen im Waldgebiet vor dem Eingang. Fußweg zum Wasserturm von dort etwa 12 Minuten zum Geesthang oder per Aufstieg von der Elbuferstraße je nach Verfassung etwa 20 Minuten.

Schutzturm für die Brandwache

Heimat für explosive Ideen Alfred Nobel war fast noch ein Niemand, als er 1865 vor den Toren Hamburgs eine Fabrik baute. Der junge Chemiker ohne großen akademischen Hintergrund war fasziniert von der Idee, eine umgängliche Version des hochexplosiven Sprengstoffs Nitroglyzerin zu entwickeln und nahm dafür einiges in Kauf. Am Sitz seiner Firma Alfred Nobel & Co. in Hamburg war den hanseatischen Pfeffersäcken nicht wohl bei dieser explosiven Idee. Deshalb wich er auf einen Geesthang an der Elbe aus – und fand eine Heimat auf dem »Krümmel«, einem unfruchtbaren Sandberg gleich hinter der Landesgrenze. Die Nähe zum Hamburger Hafen und der viele Sand, der sich leicht zu Schutzwällen für Fabriken und Labors aufschütten ließ, erwiesen sich als ideal für seine Pläne. Zugleich passten Nobels Absichten auch dem Herzogtum Lauenburg bestens ins Konzept, das in einer erfolgreichen Industrialisierung eine Art Faustpfand für den gewünschten Anschluss an Preußen sah.

Ein Zufall führt zum Welterfolg Eine Explosion nur einen Monat nach Betriebsbeginn 1866 bedeutete einen schweren Rückschlag für Nobel. Die Fabrik an der Elbe wurde fast völlig zerstört, es gab Tote. Aber der Chemiker, der bereits zwei Jahre zuvor ein Patent für einen speziellen Zünder angemeldet hatte, ließ sich nicht beirren. Nur wenige Wochen nach dem Unglück begann er mit dem Wiederaufbau. Es war womöglich reiner Zufall, der ihn auf die bahnbrechende Idee brachte: Der Legende nach experimentierte Nobel mit verschiedenen Stoffen, als beim Transport von Nitroglyzerin eines der Fässer leck schlug und sein Inhalt auf die mit einem weißen Pulver ausgepolsterte Ladefläche eines Wagens tropfte. Das Mehl war Kieselgur, eine Art fein gemahlenes Sedimentgestein. Es entstand ein Breigemisch, das Nobel noch mit etwas Natriumcarbonat anreicherte und 1867 als neues Produkt patentieren ließ. Es wurde zum Welterfolg: Dynamit, fünfmal stärker als herkömmliches Schwarzpulver.

Rüstungsschmiede für Hitler Im ersten Jahr produzierte seine Fabrik 11 Tonnen des neuen Sprengstoffs, 20 Jahre später waren es bereits mehr als 5000 Tonnen. Ab 1887 produzierte das Werk Krümmel auch Ballistit, ein rauchfreies Schießpulver, das Nobel neu entwickelt hatte. Aus Alfred Nobel & Co. wurde die Hamburger Dynamit-AG,

Rechte Seite: Ruine der Dynamit-Fabrik

Nobels Wasserturm
in Krümmel

die Nobel als Mehrheitsaktionär erst als Vorstands- und dann bis zu seinem Tod 1896 als Aufsichtsratsvorsitzender führte. Der Sandberg Krümmel war der Ausgangspunkt für ein gigantisches Industrieimperium mit weltweiten Firmengründungen. Mit rund 600 Arbeitern galt die Fabrik 1910 als größte Sprengstofffabrik in Europa. Eine Zugverbindung transportierte die Arbeiter täglich direkt von Hamburg bis vor die Werkstore. Im Zweiten Weltkrieg wurde Nobels Dynamitfabrik zur wichtigen Rüstungsschmiede für Hitlers Nationalsozialismus mit 750 Gebäuden und 9000 Beschäftigten. Der »Kriegsmusterbetrieb« der Nazis produzierte Sprengstoffe und Munition. Bis zu zwei Drittel der Arbeiter waren nach unterschiedlichen historischen Dokumenten Kriegsgefangene, Zwangsarbeiter und sogenannte Ostarbeiter, sie mussten unter zum Teil unwürdigen Bedingungen schuften. Nach 1945 wurde das Werk stillgelegt und von den Alliierten im Rahmen der Reparationen demontiert. Die meisten der Fabrikgebäude, die alle Bombenangriffe überstanden hatten, wurden – Ironie der Nobel-Geschichte – gesprengt.

Buschwerk nimmt sie in den Arm Reste der Betonruinen liegen heute weit verstreut in einem unzugänglichen und durch Maschen- und Stacheldrahtzäune gut gesicherten Waldgebiet vor dem Eingang des Helmholtz-Zentrums für Material- und Küstenforschung. Moose und Pflanzen machen es sich auf den Beton- und Steinfundamenten bequem, wildes Buschwerk nimmt die Ruinen in den Arm. Fledermäuse und Wildschweine sind hier inzwischen zuhause. Die Vielzahl der Betonreste im Unterholz vermittelt immer noch einen Eindruck von der Größe der ehemaligen Produktionsstätte. Die einzigen noch erhaltenen Fabrikteile sind das ehemalige Verwaltungsgebäude am Nobelplatz im Ortsteil Krümmel sowie ein alter Wasserturm am schwer zu erreichenden Geesthang zwischen Helmholtz-Zentrum und dem abgeschalteten Kernkraftwerk.

Verwilderter Eingang zum Wasserturm

Leuchtend rotes Ausrufezeichen Am besten sieht man den Turm eigentlich von der anderen Elbseite aus. Zwischen dichten grünen Baumwipfeln auf dem Geesthang reckt sich bei gutem Wetter ein roter Turm Richtung Sonne wie ein leuchtendes Ausrufezeichen. Als er gebaut wurde, war Alfred Nobel schon tot. Der 30 Meter hohe Turm wurde 1916/17 nach Plänen des renommierten Hamburger Architekten Hermann Distel errichtet, der auch das Hauptgebäude der Hamburger Universität und das Verwaltungsgebäude der Werft Blohm & Voss entwarf. Der Kern ist ein Zylinder aus Stahlbeton, verblendet mit roten Backsteinen. Das Mauerwerk ist durch hervorstehende Lisenen in senkrechte Wandstücke unterteilt. Der Turm schließt oben mit einem Kranz kleiner Fenster ab und hat ein Kuppeldach mit Laterne.

Sanierung und Abriss scheiterten Der Bau war damals Teil des sogenannten Hindenburg-Programms. Nach der Schlacht um Verdun im Ersten Weltkrieg befahl die Oberste Heeresleitung die Mobilisierung aller Reserven an Mensch und Material zur Kriegsführung. Auf dem Gelände der Dynamitfabrik entstand

Betonreste der Dynamitfabrik

eine neue Produktionsstätte zur Herstellung von Nitrozellulose für Sprengstoffe, und der Wasserturm etwas abseits am Waldhang diente als Wasserreservoir für ihren Betrieb. Er überlebte alle Bombenangriffe im Zweiten Weltkrieg und später auch die Demontage der noch intakten Fabrikteile. 1997 wurde er unter Denkmalschutz gestellt, einige Jahre lang konnten Besuchergruppen ihn auf historischen Führungen auch besichtigen. Eine nachhaltige Sanierung scheiterte am Streit zwischen den verschiedenen Interessengruppen ebenso wie der Antrag auf Abriss durch den skandinavischen Energiekonzern Vattenfall als Besitzer. Der Turm rottet vor sich hin, er wurde zum Refugium für Fledermäuse und sogar zum Brutplatz für den scheuen Uhu. Lediglich zur Sicherung der Ruine wurden einige hunderttausend Euro investiert, aber zu besichtigen ist der eingezäunte Turm wegen Einsturzgefahr nicht mehr.

Brandwache aus Beton Am Fuß des Turmes zur Elbseite hin steht außerdem eine Art Miniaturausgabe als Lost Place: eine sogenannte Ein-Mann-Brandwache. In dem runden, gerade mannshohen schmucklosen Betontürmchen fand im wahrsten Sinn des Wortes nur ein Mann Platz. Bei Fliegeralarm, wenn alle Arbeiterinnen und Bediensteten in Bunkern und Schutzräumen Zuflucht suchen mussten, war einer verpflichtet, in dem engen Gemäuer Brandwache zu halten und im Fall eines Treffers direkt die Werksfeuerwehr zu alarmieren. Ob es jemals dazu kam, ist nicht überliefert. Der Zugang zu Wasserturm und Brandwache ist nicht ganz leicht zu finden. Der beste Weg führt vom Parkplatz des Helmholtz-Zentrums zum Werksgelände von Vattenfall und dann immer am Zaun entlang bis in den Wald. Beim Abstieg den bewaldeten Geesthang hinunter schimmern alsbald die roten Klinker rechter Hand durch Blattwerk und Büsche.

10 Sensation im Untergrund

Des Kaisers Ankleidekammer

Wo Wilhelm II. sich vor über hundert Jahren für eine Fahrt durch die Kanalisation umziehen konnte.

Ort Neustadt, Sieleinstieg Landungsbrücken, »Vorsetzen« **GPS** 53.544443832015055, 9.978209454289992
Anfahrt Mit der U-Bahn U3 bis Baumwall, 1 Minute Fußweg, oder den Bussen Linien 2 und 111 bis U Baumwall.

Einstieg in die Kanalisation zur Ankleidekammer

Ein Gewölbe, das in keinem Plan stand Geschichte lebt bisweilen auch von Zufällen. Diese Erfahrung machte Bezirksbaumeister Achim Hoch vom Versorgungsunternehmen Hamburg Wasser, als er im September 2012 zu einem Bauprojekt an der Kanalisation vor den Landungsbrücken gerufen wurde. Es war eigentlich eine ganz normale Baustelle. An einem historischen Zugang zum Siel am Hafenrand musste nur eine Statue versetzt werden, weil die Straße entlang der neuen Hochwasserschutzmauer ein Stück verschwenkt werden sollte. Die Bronze-Plastik des englischen Ingenieurs David Lindley, der 1842 für die Hansestadt die erste moderne Kanalisation auf dem europäischen Kontinent entwickelt hatte, stand dabei im Weg. Beim Baggern für ein neues Fundament stießen die Arbeiter jedoch schnell auf ein Problem: ein zugemauerter Hohlraum. »Das Gewölbe stand in keinem Plan und war nirgendwo verzeichnet«, stellte Hoch fest. Der Sielbaumeister war schon damals bekannt dafür, alte Siele und ihre Bausubstanzen wenn möglich zu erhalten und das besondere Flair zu konservieren. »Das gehört zu Hamburg«, fand er immer. »Und weil ich ja neugierig bin«, wie er sagt, wollte er's genau wissen. Er ließ zunächst ein bescheidenes Loch bohren, das einen Einblick in den Hohlraum bot. Und was er da zu sehen bekam, war eine glatte Sensation.

Einstieg auf der Straße Die Kammer stand zwar etwa kniehoch unter Wasser, aber die alten Kachelwände waren gut zu erkennen und ebenso ein alter Fliesenboden mit Mosaik, »alles original«. Nur einige Fliesen waren locker oder abgefallen, eine Seitenwand mit Klinkersteinen verkleidet und der Eisenrahmen des Eingangs zugemauert. Hoch blickte in den alten »Ankleideraum« von Kaiser Wilhelm II., so viel war ihm schnell klar. Der Einstieg zu der Kammer ist über ein kleines sandsteinfarbenes Häuschen oben auf der Straße möglich, das 1904 eigens für seine kaiserliche Hoheit errichtet wurde. Und noch heute schmuck im Schatten der Hochbahn steht. Weil das Großsiel bis zum Hafen zur Zeit seiner Entstehung als technische Sensation galt, hatte

Rechte Seite: Der Zugang zur Kanalisation wurde eigens für den Kaiser gebaut.

Erbaut 1904.
Sielwesen

Linke Seite: Ankleidekammer für den Kaiser

der Monarch 1904 geplant, es per Boot zu besichtigen. Dazu sollte er die wenigen Meter nicht wie gemeine Arbeiter durch einen Schacht nach unten klettern müssen, sondern durch einen eigenen Zugang mit kurzer Treppe angemessenen Schrittes Stufe für Stufe hinabschreiten können. Zunächst in eine Kleiderkammer, in der er sich mit passenden Klamotten zünftig herrichten konnte. Und dann nach nebenan in die Bootskammer, von der er in einem schmalen Schiffchen die Siele durchfahren wollte. In den Archiven der Behörden fand Hoch keine Unterlagen über die hoheitlichen Gemächer. »Da war immer nur eine Mauer verzeichnet, sonst nix«. Im Hamburger Staatsarchiv wurde er schließlich fündig und entdeckte einen Plan von 1903 mit dem Sieleinstieg und der offiziellen Bestätigung: Der kaiserliche »Ankleideraum« ist dort schwarz auf weiß dokumentiert.

Türschild an der Kammer

Kaiserliches Interesse an der Kanalisation Ob seine Hoheit die geplante Tour dann auch wirklich angetreten hat, ist nicht überliefert. Chronisten berichten zwar von seinem dreitägigen Besuch in Hamburg 1904, unter anderem als Zuschauer bei einem Manöver der Marine im Hafen und einem Theaterbesuch im Schauspielhaus. Andere Besuchspunkte haben Berichterstatter nicht festgehalten. Auch dass der Kaiser ein besonderes Interesse an Hamburgs Abwasserkanälen hatte, ist nachgewiesen. Schon 1872, noch als Kronprinz, war er einen Teil der Siele in der Innenstadt abgefahren. Hoch ist sich nach seinen Recherchen sicher, dass Wilhelm II. den Abstieg in Hamburgs Untergrund 1904 definitiv geplant hatte: »Hamburgs Pfeffersäcke haben nie ohne Grund Geld ausgegeben und etwas gebaut.« Außerdem ist die benachbarte Bootskammer mit gleichen Boden- und Wandfliesen ausgekleidet wie seine Umkleidekabine, ganz anders als damals die Haltepunkte für die Arbeiter.

Der singende Sielmeister Für rund 28 000 Euro hat »Hamburg Wasser« die etwa sechs Quadratmeter große Ankleidekammer wieder schick gemacht. Die Klinkerwand wurde mit rund 1400 historischen Fliesen aus dem Bestand des alten Elbtunnels optisch angepasst, eine zeitgenössische Tür angefertigt. Seit 2014 ist das Verließ bei besonderen Anlässen auch für die Öffentlichkeit zugänglich. Und die Nachfrage ist groß. »Die Leute haben uns die Türen eingerannt«, erzählt Hoch. Und irgendwann demnächst, wenn die unterirdischen Kanäle dieses Großsiels neu ausgeschalt werden, soll auch die kaiserliche Bootskammer im alten Zustand saniert und für die Öffentlichkeit hergerichtet werden. Und vielleicht werden Besucher den Hobby-Musiker Achim Hoch dann auch wieder in den Tunneln bei seiner zweiten Leidenschaft erleben: dem Gesang. Weil er in den Kanal-Gewölben so großen Gefallen an der Akustik fand und bei Siel-Arbeiten oft laut sang, nennen Freunde und Kollegen ihn gern bei seinem Spitznamen: »Der singende Sielmeister«.

11 Heiße Ecke

Das Kiez-Bad

Mitten im ehemaligen Rotlichtviertel an der Reeperbahn steht ein potemkinsches Haus mit schillernder Geschichte.

Ort St. Pauli, Spielbudenplatz 26 **GPS** 53.549425489495576, 9.963518742639122 **Anfahrt** Mit der U-Bahn U3 bis St. Pauli, 400 Meter Fußweg, oder mit der S-Bahn S2 und S3 bis Reeperbahn, 500 Meter Fußweg. Busse 111, 112, 16 und 37 halten Davidstraße, nur etwa 100 Meter entfernt.

Vergnügungsmeile statt sündiger Meile St. Pauli und das Rotlichtviertel rund um die Reeperbahn verändern sich seit Jahren kräftig. Sex und Porno wurden ins Internet verdrängt, Striplokale, Peepshows und Erotik-Shops verloren an Reiz und Laufkundschaft, Prostitution findet nur noch an ausgesuchten Plätzen statt. Aus der »sündigen Meile« wurde eine Vergnügungsmeile mit immer mehr angesagten Musikclubs, Bars, ambitionierten Restaurants, Museen und Kultur. Sieben Theater und Schauspielbühnen, dazu Udo Lindenbergs Multimedia-Ausstellung »Panik City« und das Panoptikum, machen den Abschnitt rund um den Spielbudenplatz zu Hamburgs Broadway. Umso erstaunlicher, dass eines der Filetstücke auf der Reeperbahn seit Jahrzehnten leer steht. Die Postadresse Spielbudenplatz 26 ist eine denkmalgeschützte Hausfassade – mit nichts dahinter, Potemkin lässt grüßen. Hinter der bordeauxroten stuckverzierten Gründerzeitfront liegt ein über 600 Quadratmeter großes Grundstück, das seit 30 Jahren ungenutzt ist. Musik und Kultur auf der Reeperbahn boomen, das Grundstück vergammelt und verwildert.

Verwildertes Grundstück der Badeanstalt

Historische Aufnahme des Kiez-Bades

Heimat der Gaukler und Künstler Es ist ein historischer Ort an geschichtsträchtiger Stätte, der dort brachliegt. Seit dem 19. Jahrhundert sind auf dem Spielbudenplatz Spieler, Gaukler und Künstler in Zelten und Holzbuden zu Gast – daher der Name. Der östliche Teil der Reeperbahn bis zur legendären Davidwache ist damit so etwas wie die Keimzelle des Vergnügungsviertels St. Pauli. Ein Theater siedelte sich dort an, der spätere Tierparkgründer Carl Hagenbeck stellte in einer »Handlungsmenagerie« Seehunde und exotische Tiere zur Schau, das erste Panoptikum lud ebenda Besucher ein. 1886 eröffnete an der heutigen Nummer 26 das Konzerthaus »Die Neue Welt« unter der Direktion der damals erfolgreichen Sängerin Emma Thiele-Lundershausen, die es mit ihren oft frivolen Liedern und Texten bis in die Enzyklopädien schaffte. Schon 1891 musste das Musiktheater wegen »zu großer Freizügigkeit« wieder schließen. Der Humorist und Sänger Hein Köllisch, ein Hamburger Original, feierte dort noch sein Bühnendebüt – das war's dann erst mal mit der großen Bühne. Im Jahr 1900 öffnete dort dann die legendäre »Hamburg-America-Bar«, die für Schlagzeilen sorgte. Sie hatte Tag und Nacht geöffnet und galt als Sensation. Historische Aufnahmen zeigen eine lange Bar vor einer Säulenwand mit Flaschenregalen und Spiegeln, hinter der zwölf Frauen Getränke mischten. Mit der damals wohl »größten Bar Deutschlands« kamen, glaubt man Chronisten, auch neuartige Getränke aus den USA ins Land – alkoholische Mixgetränke mit viel Eis und Zucker. Mit den sogenannten American-Fancy-Drinks begann der Siegeszug der Cocktails auch in der Bier- und Hafenstadt.

Von der Bar zum Sportbad Die Bar war Kult im Nachtleben rund um die Reeperbahn bis zum Ersten Weltkrieg. Danach war die Geschichte wechselhaft. Es folgten unter anderem ein Kinematographentheater und ab 1934 das Wellenbad St. Pauli: Das »Apollo« galt bei seiner Eröffnung als »Deutschlands modernstes Sportbad«, 1981

Die Eingangstür ins Nichts

wurde es endgültig geschlossen. Seitdem ist das Grundstück ungenutzt, seit dem Abriss 2004 steht es leer. Zur Rückseite an der Kastanienallee verwildert das Grundstück, Unkraut und Müllberge ducken sich im Schatten der schmucken Fassade.

Die ewige Baulücke Pläne für eine neue Nutzung gab es seitdem viele – angeblich. Eine Ski-Halle war nach Angaben des Besitzers im Gespräch, ein Unterwasser-Aquarium, eine Spielhalle, ein mehrgeschossiges Hotel oder auch ein Restaurant. Passiert ist nichts. Der Spielautomatenunternehmer, der das Grundstück vor 33 Jahren ersteigerte, stellt angeblich »laufend Bauanträge«, wie er öffentlich erklärt, aber das Grundstück wurde zur »ewigen Baulücke«. Politik und Behörden werfen ihm Spekulation vor. Er wolle sich das Grundstück vergolden lassen, glauben viele. »Vielleicht reicht es ihm ja auch, es zu versilbern«, hofft Bezirksamtsleiter Falko Droßmann. Der Appell hört sich flehend und drohend zugleich an. Im Bezirksparlament und in der Bürgerschaft rauchen seit Langem die Köpfe, wie man den Grundstücksbesitzer zur Nutzung verpflichten oder notfalls zwangsenteignen könnte.

Erfolgreiches Vorbild »Tivoli« Was mit Immobilien in dieser Lage möglich ist, kann vor Ort beim unmittelbaren Nachbarn besichtigt werden. Wo 1890 die Große Bierhalle einzog, 1904 als Nachfolger das St. Pauli Tivoli Concerthaus eröffnete und ab 1925 der Bierpalast »Zillertal« folgte, ist heute das Schmidt's Tivoli Theater zuhause. Theatermacher und Regisseur Corny Littmann, früher Hamburgs führender Aktivist der Schwulenbewegung, machte die Privatbühne seit 1991 mit schrillem und schrägem Volkstheater zu einem Touristenmagneten der Stadt. Seit inzwischen 15 Jahren läuft dort das erfolgreichste deutschsprachige Musical – die »Heiße Ecke«.

Rechte Seite: Potemkinsche Häuserfront

SpieleWelten
Ihr Spielcafé
in HH-Rahlstedt!
ASTRA

12 Schutz im Schneckenhaus

Der Zombeck-Turm

Ein ganz besonderer Bunkertyp überstand die Luftangriffe im Zweiten Weltkrieg völlig unbeschadet.

Ort Veddel, Prielstraße **GPS** 53.530241785981005, 10.021920696809582 **Anfahrt** Mit der S-Bahn S3 und S31 oder der U-Bahn U4 bis Elbbrücken, 12 Minuten Fußweg; mit dem Bus 154 bis Veddeler Marktplatz, 15 Minuten Fußweg. Der Turm in Hasselbrook liegt direkt am gleichnamigen S-Bahnhof (S1) und der an den Landungsbrücken am U-Bahnhof Baumwall (U1).

Rechte Seite: Der herausgeputzte Reichsadler in Hasselbrook erinnert an dunkle Zeiten.

Ein Bunker, der nicht als Ziel erkennbar ist Er sieht ein bisschen aus wie ein mittelalterlicher Wehr- oder Wasserturm – und das war auch so gewollt. In dem runden Gemäuer am Fuß der Freihafenelbbrücke zwischen Hafeneinfahrt und Autobahnzubringern verbirgt sich hinter dunkelrotem Klinker und unter einem Spitzdach, gedeckt mit Dachpfannen, ein ganz spezieller Hochbunker aus dem Zweiten Weltkrieg. Als sein Konstrukteur Paul Zombeck 1937 diesen neuen Bunkertyp patentieren ließ, hatte er vor allem zwei Ideen im Kopf: Der Bunker sollte als Zielobjekt von feindlichen Bombern nicht auf Anhieb als solcher erkennbar sein und sich deshalb möglichst unauffällig ins Stadtbild einfügen. Außerdem sollten im Falle eines Luftalarms in kürzerer Zeit mehr Menschen in dem Schutzraum Unterschlupf finden können als in herkömmlichen Bunkern.

Rundturmbunker am Hafen

Mit Kutschen bis unter das Dach Zu diesem Zweck verzichtete Zombeck auf ein Treppenhaus mit Stufenaufgängen und ersetzte den Zugang durch einen schneckenförmigen stufenlosen Rundgang, der sich spiralförmig um einen Zylinderkern

1941
174

bis unters Dach windet. Im inneren Kern des Schneckengangs lagen auf mehreren Stockwerken Toiletten und Waschräume. Der Zombeck-Turm hatte eine gewisse Ähnlichkeit zu Türmen etwa aus dem Mittelalter oder auch der Renaissance, in denen sich Herrscher auf Pferden oder mit Kutschen über sogenannte »Reittreppen« in ihre Gemächer nach oben unter dem Dach begaben. Der »Runde Turm« in Kopenhagens Zentrum ist so ein Beispiel, auch wenn er im 17. Jahrhundert als Observatorium erbaut wurde. Über seinen spiralförmigen Aufgang ohne Treppen wurden sogar Kutschen mit schwerem Gerät bis in 36 Meter Höhe gezogen.

Linke Seite: Zombeck-Bunker auf der Veddel

Schutz an Verkehrsknotenpunkten In Hamburg wurden zwischen 1939 und 1941 insgesamt elf dieser als splitter- und explosionssicher geltenden Turm-Bunker wie auf der Veddel gebaut, vermutlich mehr als in jeder anderen Stadt. Sie waren alle baugleich, 21,5 Meter hoch und 420 000 Reichsmark teuer. Zur besseren Tarnung waren sie mit Backsteinen verklinkert. Feindliche Bomberpiloten sollten zu Kriegszeiten so getäuscht werden und sie eher an typische Hamburger Bauwerke wie das Steintor erinnern. Das Spitzdach machte die optische Täuschung komplett und sollte zugleich verhindern, dass Bomben auf das Dach fallen und dort explodieren konnten. Tatsächlich überstanden in Hamburg alle elf Rundturm-Bunker die Luftangriffe unbeschadet. In den Zombeck-Türmen, die eigentlich für 500 bis 600 Menschen ausgelegt waren, fanden bei Luftalarm bis zu dreimal so viele Menschen Schutz. Weil die Schneckenhäuser bei Angriffen durch ihre spezielle Zugangskonstruktion schneller vielen Menschen Platz bieten konnten, wurden sie vor allem an Verkehrsknotenpunkten wie Bahnhöfen oder Brücken errichtet. Der Rundturm-Bunker auf der Veddel, einem hafennahen Wohnquartier, wurde zum Beispiel 1940 am Südufer der Norderelbe an der Zufahrt zum damals noch zollkontrollierten Freihafen erbaut. Andere wurden an viel frequentierten Bahnstationen wie dem Fernbahnhof Dammtor oder zentralen U- und S-Bahnhaltepunkten wie Hasselbrook oder Baumwall hochgezogen.

Ein Seiteneingang zum Turm

Der Reichsadler lässt grüßen Neun der elf Hamburger Zombeck-Türme stehen bis heute von außen nahezu unberührt im Stadtbild. In dem am Dammtor ist inzwischen eine Bar zuhause, in dem am Baumwall residiert seit Langem ein portugiesisches Restaurant. Fünf Türme stehen als Mahnmal gegen Krieg und Faschismus, aber auch zur Bewahrung des charakteristischen Stadtbildes unter Denkmalschutz. An einigen, zum Beispiel am S-Bahnhof Hasselbrook oder am Hafenrand, ist die Vergangenheit besonders augenscheinlich dokumentiert. Über den alten Eingangsportalen grüßt noch immer ein überdimensionaler, in Stein gehauener Reichsadler. Nur das Hakenkreuz in seinen Klauen – das wurde sorgsam weggemeißelt.

13 Politisches Statement

Der Geisterbahnhof Beimoor

Eine fast fertige U-Bahnstation mit Bahnsteig und Gleisbett wird ein Opfer des Krieges und sieht nie einen Zug.

Ort Großhansdorf, Beimoorweg **GPS** 53.67415092037926, 10.293410695453401 **Anfahrt** U-Bahn U1 bis Großhansdorf, 40 Minuten Fußweg zur Mielerstede oder zum Beimoorweg. Mit Privatauto zum Beimoorweg, Ecke Apelsweg.

Betonklotz hinterm Knick Die kleine Landstraße im Vorort Großhansdorf verfügt in den meisten Karten nicht einmal mehr über eine Nummer. Wer ihr an den letzten Einfamilienhäusern vorbei Richtung Nordosten folgt, findet sich schnell in einem Landstrich wieder, zu dem der Hamburger Volksmund gern sagt: »Da möchte man nicht tot über'm Zaun hängen.« Ein paar Wiesen und Knicks, ab und an mal eine Handvoll Rindviecher, aber sonst tote Hose – bis die baumbestandene Straße auf einmal einen Knick nach rechts macht und den Blick auf einen riesigen Betonklotz mit buntem Graffiti im Unterholz freigibt. Besucher stehen vor den Überresten einer vor über hundert Jahren geplanten U-Bahnstation, die nie einen Zug gesehen hat. Die Ruine der Bahnhofshalle an der Straße hält Wind und Wetter stand, durch das Buschwerk kann man einige Meter hochsteigen bis auf den Bahndamm samt Bahnsteig. Der gleicht vor allem im Sommer allerdings eher einem Grünreservat, die Natur hat die Technik überlebt.

Service für die Enklaven Als die Hamburger Hoch- und Untergrundbahn 1912 so richtig in Betrieb ging, erschloss sie zunächst als sogenannte Ringbahn innerstädtische Wohngebiete mit der eigentlichen City rund um Rathaus und Hauptbahnhof.

Ruine der alten Bahnhofshalle

Graffiti an der alten Bahnsteigkante

Mit der Walddörferbahn als Abzweig in den Nordosten sollten dann einige Exklaven an die Stadt angebunden werden – Hamburger Inseln auf preußischem Gebiet vor den Toren der Metropole. Farmsen gehörte dazu, Berne, Volksdorf, Wohldorf und eben auch Großhansdorf. Es war nicht nur eine Serviceleistung, die den Hamburger Senat bei seinen Entscheidungen Anfang des vorigen Jahrhunderts antrieb. Die Walddörfer-Linie war »ein politisches Statement«, sagt der Hochbahn-Historiker Daniel Frahm. Sie sollte zeigen, »dass Hamburg seine Exklaven nicht außen vor lassen« wollte. 1914 gingen Senat und Bürgerschaft dann sogar noch einen Schritt weiter. Sie beschlossen eine Verlängerung über die angedachte Endhaltestelle in Großhansdorf hinaus und hatten dafür eine sehr spezielle Begründung. Der Bahnhof »Beimoor« sollte unter anderem eine geplante »3. Hamburgische Irrenanstalt« anbinden, wie es damals amtsdeutsch hieß. Zudem sollte im Beimoorwald eine Rüs-

Zugewachsener Bahnsteig

In der alten Bahnhofshalle sind nur noch Fledermäuse zuhause.

tungsfabrik entstehen mit einer Wohnsiedlung für Arbeiter. Sogar ein Güterbahnhof und eine zusätzliche U-Bahnstation weiter nördlich waren im Gespräch.

Das Stationsschild hing schon Bereits ein Jahr später begannen die Bauarbeiten für den zusätzlichen Haltepunkt »Beimoor«. Der Bahndamm wurde aufgeschüttet, ein etwa 60 Meter langer Mittelbahnsteig betoniert, dazu eine Bahnhofshalle mit Treppenhaus gebaut. Die Schienen wurden in die Trasse montiert, sogar Abstellgleise wurden gelegt. Auf dem Bahnsteig hing irgendwann sogar schon das Stationsschild. Außer der Elektrifizierung fehlten eigentlich nur, so fand die Heimat-Chronistin Regina Buck heraus, »die Schächte mit den Fußabtreter-Rosten vor den Zugangstüren«, als nach dem Ersten Weltkrieg alles anders wurde. Der Versailler Vertrag untersagte den Verlierern jegliche Rüstungsproduktion, die Waffenfabrik durfte nicht gebaut werden. Und eine Arbeitersiedlung für die Produktionsstätte war damit obsolet. Bereits um 1920 wurde mit der Demontage des Geisterbahnhofs begonnen, das fast fertige Gebäude wurde stillgelegt und verkam. Es war »niemand zu Nutze als Rowdyhorden«, schrieb der »Hamburger Anzeiger« im Frühjahr 1931 in einem Beitrag über Vandalismus und eingeschlagene Scheiben.

Baumaterial für Notunterkünfte Pläne für einen möglichen Umbau des Geisterbahnhofs zu einer Jugendherberge zerschlugen sich, eine andere Nutzung war nicht in Sicht. In Heimatchroniken werden Gerüchte überliefert, dass die Hitler-Jugend

Zugewachsene Bahnhofsruine

das Gelände wohl Ende der Dreißigerjahre zu Schieß- und Sprengübungen genutzt haben soll. Fest steht dagegen, dass die Brückenkonstruktion aus Stahl wegen Materialknappheit während des Zweiten Weltkriegs für die Rüstungsproduktion gebraucht wurde. Nach dem Krieg, als in Großhansdorf viermal so viele Menschen lebten wie zuvor, sammelten ausgebombte Hamburger aus dem Bauschutt Steine und alles Brauchbare für den Bau von Notunterkünften zusammen. Ein Behelfsheim für Zufluchtsuchende wurde Anfang der Fünfziger vorübergehend im Bahnhofsgebäude eingerichtet. Später wohnte dort ein Jäger mit seiner Familie, bis die Eingangshalle nach einem Brand endgültig mit Schutt gefüllt wurde. Seit Ende der Achtzigerjahre kann die Bahnhofshalle nicht mehr betreten werden, die Katakomben dienen nur noch bedrohten Fledermäusen als Winterquartier.

Wanderpfad auf der Schienentrasse Der Bahnsteig, an dem nie ein Zug gehalten hat, und die Schienentrassen sind besonders im Herbst und Winter noch immer gut erkennbar. Im Sommer entwickeln sie sich zum Umweltparadies. Die Natur hat sich das Gelände längst zurückgeholt, seltene Pflanzen überwuchern die Gemäuer, Schnecken und Kleingetier nisten sich dort ein. Einige Abschnitte gelten als Trockenrasenbiotop. Ein kurzer Spaziergang führt über den Bahnsteig und einige hundert Meter Bahndamm durch urwüchsige Natur bis zu einer früheren U-Bahnbrücke über die Straße »Mielerstede« weiter südlich und ist bei Einheimischen als Wanderpfad sehr beliebt.

14 Sprung über die Elbe

Der Tschechen-Hafen

Auf einem für olympische Spiele vorgesehenen Gelände mitten im Hafen hat die Prager Regierung das Sagen.

Ort Kleiner Grasbrook, Am Saalehafen **GPS** 53.52555045743121, 10.014995393452796 **Anfahrt** Mit der S-Bahn S3 und S31 bis Veddel, von da 10 Minuten zu Fuß; alternativ mit den Buslinien 13 und 34 bis Harburger Chaussee, 6 Minuten Fußweg, oder mit dem Bus 256 bis Sachsenbrücke, 2 Minuten Weg.

Vergessen von der Hafenwirtschaft Es ist ruhig am Ostrand des Hafens, der sonst keine Pause kennt. Während an anderen Kais Containerbrücken jaulen, das Aufsetzen der Stahlkisten beim Verladen von metallischen Glockenschlägen untermalt wird und Lastwagen oder Güterwaggons im Minutentakt vor Ladeluken oder Warenlagern rangiert werden, herrscht am Saale- und am Moldauhafen nahe der Elbbrücken fast Friedhofsruhe, sieben Tage die Woche. Ab und an rangiert ein Lkw auf dem Ufergelände oder ein paar Angler verirren sich auf die Kaimauern – wenn die Hafenbecken bei Niedrigwasser nicht gerade trockengefallen sind. Lang ist's her, da lagen hier noch Dutzende Binnenschiffe zum Be- und Entladen. Heute sind die beiden ineinander mündenden Hafenbecken ein vergessener Ort der Hafenwirtschaft, die sonst von Zuwachs und Expansion lebt und Jahr für Jahr mit neuen Erfolgsmeldungen aufwartet. Ihre Bilanz stört das allerdings nicht. Denn Saale- und Moldauhafen sind kein Hamburger Terrain. Seit gut 91 Jahren gehören sie dem tschechischen Staat, erst der Tschechoslowakei, und seit Ende des Kalten Krieges dann als Rechtsnachfolgerin der Republik Tschechien.

Saalehafen mit tschechischem Hinweisschild

Zugang zum Meer Nach der Niederlage im Ersten Weltkrieg musste das Deutsche Reich als eine Form der Reparation Tschechien einen zollfreien Meereszugang öffnen und dazu »die Benutzung der nördlichen Häfen gewährleisten«. In Artikel 363 des Versailler Vertrags heißt es: »In den Häfen Hamburg und Stettin verpachtet Deutschland der Tschechoslowakei für einen Zeitraum von 99 Jahren Landstücke, die unter die allgemeine Verwaltungsordnung der Freizonen treten und dem unmittelbaren Durchgangsverkehr der Waren von oder nach diesem Staate dienen.« Nach langen Verhandlungen trat Hamburg 1929 unter anderem den Moldau- und den Saalehafen bis zunächst 2028 an Prag ab.

Das ehemalige Verwaltungsgebäude der Tschechen steht schon lange leer.

Drehscheibe mit böhmischer Küche Der Tschechen-Hafen entwickelte sich danach schnell zur Drehscheibe für Importe ins tschechische Hinterland, zum Beispiel von Kaffee, Futtermitteln, Kohle, Zucker oder Getreide. Ausgeführt wurden im Gegenzug vor allem Industriegüter. Die Nachfrage war so groß, dass die »Tschechoslowakische Elbe-Schiffahrtsgesellschaft« über 600 Binnenschiffe und Schuten unter ihrer Flagge laufen ließ. Im Saalehafen ging ein sogenanntes Klubschiff, die »Praha«, vor Anker, in der die tschechischen Hafenarbeiter nach Feierabend bei heimischem Bier und böhmischer Küche zusammenkamen. Neben der Verwaltung der Reederei am Hafenkai lag ein sogenannter Sozialbau mit Fremdenzimmern für die Beschäftigten. Die Geschäfte änderten sich mit der politischen Wende im Ostblock beinahe schlagartig. Die Reederei wurde privatisiert, die meisten Schiffe wechselten die Besitzer. Lastwagen und Güterzüge liefen der Binnenschifffahrt den Rang ab, an Land konnten die Waren schneller und günstiger transportiert werden als zu Wasser. 2001 ging die privatisierte Reederei in Konkurs.

Anweisungen auf Tschechisch Seitdem zeugen nur noch einige verwitterte Schilder von der tschechischen Herrschaft. Das alte Verwaltungsgebäude steht verlassen am Kai, es gilt als asbestbelastet. Die gläserne Eingangspforte ist verrammelt, die Fenster sind blind vor Staub und Dreck. Eine schrottreife Telefonzelle, aus der schon lange niemand mehr in die Heimat telefoniert hat, lehnt müde an einer Hauswand, das Telefon ist längst ausgebaut. Hoch oben an der Hausfront hängt noch das alte Firmenschild, zu weit oben offenbar, um es abzubauen. Interessiert eh keinen mehr. Hinter der verschlossenen Eingangstür türmen sich ausgediente Kühlschränke und Gefriertruhen im Hausflur. Die Brücke zum Anleger ist

Altes Firmenschild der Schifffahrtsgesellschaft

Saalehafen

LAGERHAUS D

mit Gittern abgesperrt, ein altes Schild mit tschechischen Vorschriften gibt Anweisungen, die niemanden mehr interessieren. Angeblich liebäugeln die Verantwortlichen in Prag mit Millioneninvestitionen, um den Hafen wieder auf Vordermann zu bringen. Ein belastbares Nutzungskonzept liegt den Hamburger Behörden bislang nicht vor.

Linke Seite: Saalehafen bei Ebbe

Juwel für die Stadtentwicklung Womöglich steckt dahinter auch nur kluge Strategie. Denn die Immobilie ist bei der Hamburger Landesregierung hochbegehrt. Der Kleine Grasbrook, auf dem die Hafenbecken liegen, gilt als Erweiterungsgebiet und Juwel für Hamburgs angesagtes Stadtentwicklungsprojekt: Die Hafen City und der »Sprung über die Elbe«. Nachdem sich die Pläne für Olympische Sommerspiele 2024 mit Arenen und olympischen Bauten auf dem Grasbrook in einer Volksabstimmung zerschlagen haben, soll auf diesem Gelände nun ein »Moldauquartier« entstehen – mit 3000 zum Teil öffentlich geförderten Wohnungen, eigener U-Bahnstation und Gewerbeflächen am Moldauhafen. Hamburg möchte Tschechien die beiden Hafenbecken deshalb im Tausch abnehmen, die Verhandlungen laufen seit Jahren, ohne dass sich beide Seiten so richtig näherkommen. Als Tschechen-Hafen soll künftig ein Areal dienen, das eigentlich viel zentraler für die Schifffahrt liegt und attraktiver ist – auf der Elbinsel Kuhwerder fast gegenüber von den Landungsbrücken.

Zufahrt in den Moldauhafen

15 Bedingte Sicherheit

Der Schutzraum »Luise«

In unterirdischen Zivilschutzbunkern sollte im Kalten Krieg ein Angriff aus dem Osten überlebt werden – für zehn Stunden.

Ort Altona, Luise-Schröder-Straße 21 **GPS** 53.55117776121362, 9.952880267785464 **Anfahrt** Mit der S-Bahn S1, S2, S3, S21 bis Reeperbahn oder den Bussen 16, 37, 111, 112, 115 bis S Reeperbahn, jeweils 5 Minuten Fußweg.

Treppe ins Reich Mittelerde Es ist ein unscheinbares Straßenstück, das nördlich der berühmten Reeperbahn vom Rand des Vergnügungsviertels St. Pauli ins Wohngebiet Altona-Altstadt führt. Hinter einem aus der Zeit gefallenen Plattenbau erstrecken sich rechts und links etwas trostlose Grünanlagen, in denen sich eine Tagesstätte für Obdachlose und der historische Jüdische Friedhof unauffällig zur Ruhe legen. Vor der ersten Reihe schlichter roter Mietshäuser wohl aus den Sechzigerjahren führt eine vergitterte Treppe unter die Erde, als führte sie direkt ins Märchenreich Mittelerde. Erst ein kleines Schild an der schweren Eisentür weist Neugierigen den Weg: »Öffentlicher Schutzraum« steht da immer noch zu lesen, obwohl so längst niemand mehr zu schützen ist.

Eingang in den Schutzraum

Hinweisplakat für den Katastrophenfall

Ost gegen West Hinter der Eisentür verbirgt sich eine Art Bunker, der in zwei Räumen 104 Menschen Schutz bieten konnte und ein Relikt des Kalten Krieges ist. Der Zweite Weltkrieg war kaum vorbei, die Trümmer der schrecklichen Bombennächte waren noch nicht mal vollständig geräumt, als sich die junge Bundesrepublik Deutschland zu einer neuen Auseinandersetzung rüstete. Als Mitglied der westlichen Allianz, mit den Vereinigten Staaten als Weltmacht an der Spitze, stand sie im Ost-West-Konflikt nun gegen die zur anderen Weltmacht aufgestiegene Sowjetunion mit ihren kommunistischen Satellitenstaaten. Die Bundesrepublik lag an der Grenze zum Warschauer Pakt besonders exponiert und hätte nach Befürchtungen der Kalten Krieger im Fall eines Angriffs aus dem Osten binnen weniger Stunden oder Tage zu großen Teilen überrollt werden können – Hamburg inklusive.

Notausgang des ABC-Bunkers

Hamburg ist Bunkerstadt Ab Mitte der Fünfzigerjahre wurden deshalb überall in Deutschland öffentliche Zivilschutzanlagen neu gebaut und ehemalige Weltkriegsbunker wieder ertüchtigt. Sie sollten der Bevölkerung im Ernstfall Schutz vor Bombenangriffen aus dem Osten bieten – auch an der Elbe. »Hamburg ist und war Bunkerstadt«, sagt Jens Dahm vom Verein »Hamburger Unterwelten«, der sich um den Erhalt der geschichtsträchtigen Betonklötze kümmert. An die 1200 Bunker zählen

Frisch geputzte Sitzreihen im Schutzraum

Rechte Seite: Generator für die Lüftung

Verbindung zur Außenwelt

die Vereinsmitglieder in der Hafenmetropole: Hoch- und Tiefbunker, Ringbunker, Röhrenschutzräume und eben neu angelegte ABC-Schutzräume wie die »Luise« am Rande von Altona-Altstadt.

Zivilschutz war für die Katz Der Neubau von Schutzräumen war politisch durchaus umstritten. Sogar Bundeskanzler Konrad Adenauer (CDU) zeigte sich anfangs überzeugt, dass eine zu offensive Politik des Zivilschutzes geradezu provozieren könnte. »Da muss ja der Verdacht kommen, wir wollen einen Krieg vorbereiten«, sagte er. Die Friedensbewegung sah in Luftschutzbunkern sogar eine Provokation. »Tierschutz ist besser als Zivilschutz, denn Tierschutz ist für alle Tiere, aber Zivilschutz ist für die Katz«, argumentierten ihre Vertreter. Fast drei Jahre dauerten die Arbeiten, bis die »Luise« als Rundbau mit einem Außendurchmesser von 12,60 Metern Ende September 1963 für 170 000 Mark fertiggestellt war. Zwei Betonringe von 60 Zentimetern außen und 40 Zentimetern innen umschließen den Schutzraum mit zwei Kammern, über der Decke aus 60 Zentimeter dickem Stahlbeton liegen 1,20 Meter Erdreich. Praktisch hätte das für den Ernstfall jedoch nur bedingte Sicherheit bedeutet.

Zynisches Konzept »Bunker sind normalerweise bombensicher«, sagt Jens Dahm, »Schutzräume nicht«. Er weiß, wovon er spricht. Denn er hat sich mit seinen Kolleginnen viel mit der Bunkergeschichte auseinandergesetzt und technische Details zusammengetragen. Die »Luise« ist ein sogenannter Erprobungsbau nach amerikanischem Modell mit einer Schutzklasse, die keinem Volltreffer standgehalten hätte. Schlimmer noch: Der Schutzraum hätte »eine Bombe auf die nahe Hamburger Innenstadt wohl ausgehalten«, sagt Dahm, »die Menschen im Schutzraum hätten aber trotzdem nicht unbeschadet überlebt«. Denn die Schutzräume waren nur für einen Aufenthalt von zehn Stunden ausgelegt. Danach hätten die Schutzsuchenden raus ans Tageslicht gemusst – in radioaktiv verseuchte Straßen oder mitten hinein in die Giftgaswolken zwischen Häuserschluchten. Das Zivilschutzkonzept von damals mutet aus heutiger Sicht einigermaßen zynisch an.

Bunkertouren als besonderer Kick Die Planer scherte das wenig. Die »Luise« besteht aus zwei beengten Kammern, in denen jeweils 52 Menschen Platz finden konnten – zwei Drittel sitzend auf ungemütlichen Holzstühlen, ein Drittel liegend auf schmalen, übereinander gestapelten Feldbetten. Zum Einsatz kam der Unterstand glücklicherweise nie, nicht einmal für Übungszwecke. Ab dem Sommer 1990, die Wiedervereinigung Deutschlands hatte volle Fahrt aufgenommen, wurden keine neuen Bauanträge für Schutzräume mehr genehmigt. Im Mai 2007 entschied die Innenministerkonferenz formal, das »flächendeckende Schutzraumkonzept aufzugeben« und existierende Einrichtungen »aus der Zivilschutzbindung zu entlassen«. Bis heute ist der unterirdische Schutzraum vollständig intakt und eingerichtet. Wer die dicken Stahltüren und eine Gasschleuse passiert, betritt einen Unterstand, der wirkt, als könnte er jederzeit wieder ertüchtigt werden. Zu sehen bekommen ihn aber nur Besuchergruppen und unter Anleitung: Der Verein »Hamburger Unterwelten« öffnet ihn auf »Bunkertouren« für historisch Interessierte, für Schulklassen auf Spurensuche oder manchmal auch für Firmengruppen, die am Rande von Betriebsfesten auf der Suche nach einem besonderen Kick sind. Mit den Eintrittsgeldern finanziert der Verein seine Arbeit sowie den Erhalt der Bunker und damit ein Stück Geschichte.

16 Bismarck und die Birke

Die Pulverfabrik Düneberg

Die Besenhorster Sandberge erzählen die schreckliche Geschichte der Pulverkammer Deutschlands.

Ort Geesthacht, Am Schleusenkanal **GPS** 53.445096801937424, 10.326142809615192 **Anfahrt** Mit dem Auto über die B 404 bis zur Elbschleuse und dann nach Westen zu einem kleinen Parkplatz direkt an der Elbe am Rande eines Industriegebiets, von da 10 Minuten Fußweg.

Ein explosives Urstromtal Die Landschaft direkt an der Hamburger Landesgrenze bis zum Ortsrand von Geesthacht nahe der Elbschleuse hat eigentlich Besseres verdient. Zwischen bis zu 20 Meter hohen Sanddünen, lockerem Wald aus Eichen, Kiefern und Birken haben sich seit jeher seltene Tiere und Pflanzen eingerichtet. Vor allem in den nassen Senken, in denen sich bei Hochwasser der Elbe ein besonderes Feuchtgebiet entwickelt, und auf den trockenen kalkreichen Sandrasenflächen fühlen sie sich besonders wohl. Die Gegend in dem einstigen Urstromtal hat für Umweltschützer und Naturliebhaber einen ganz besonderen Reiz. Das fand vor fast 150 Jahren offenbar auch der Industrielle Max Duttenhofer, wenn auch aus ganz anderen Gründen. Der Chemiker aus Rottweil, Miteigentümer der mütterlichen Pulverfabrik, gilt als Erfinder des rauchschwachen Sprengpulvers. Auf der Suche nach einem Seehafen für seine florierende Pulverfabrik pachtete er 1877 ein 20 Hektar großes Areal von Otto von Bismarck und baute dort die erste Pulverfabrik im Nor-

Der Zugang zur Pulverfabrik führte durch urige Natur.

den. Es war nach Aufzeichnungen von Heimatchronisten der Reichskanzler persönlich, der seinem Pächter empfahl, das Gelände »Düneberg« zu nennen. Die Produktion von Schieß- und Sprengpulver für militärische Zwecke erwies sich dort als wirtschaftlich sehr erfolgreich, 1912 kaufte er endgültig das Gelände für sein zwischenzeitlich erweitertes Firmenimperium. Bereits Ende des Ersten Weltkrieges arbeiteten dort rund 20 000 Menschen an dem todbringenden Produkt. Zusammen mit der Dynamitfabrik von Alfred Nobel einige Kilometer weiter östlich wurden die Sanddünen zur »Pulverkammer des Kaiserreichs«.

Graffiti in der Fabrikruine

Streng geheime Produktion für Dynamit-Nobel Die wirtschaftliche Durststrecke nach dem Ersten Weltkrieg war nur kurz. Die Siegermächte hatten die Fabrik stillgelegt und die Maschinen demontiert. Das Unternehmen musste sich neue Geschäftsfelder suchen und stellte unter anderem Fußbodenbeläge sowie eine Art Plastik her. Aber bereits 1934 wurde mit dem Bau einer neuen Pulverfabrik begonnen, ein Jahr später übernahm Nobels Dynamit AG die Fabrik, um dort Pulverrohmasse aus der Dynamitfabrik in Krümmel zu verarbeiten und baute sie, angefeuert von Hitlers Kriegsvorbereitungen, zügig aus. Ein neuer Fabrikteil wurde 1937 unter dem

Ruinen der Fabrikgebäude

Namen »Birke« in Betrieb genommen, bald produzierten 6500 Beschäftigte, darunter viele Kriegsgefangene und Zwangsarbeiter, in 340 Gebäuden und Anlagen bis 1945 in drei Schichten nahezu ungestört für die Nazi-Kriegsmaschinerie. Zur Tarnung des streng geheimen Produktionsgeländes waren die Dächer mit Grünzeug bepflanzt worden. Erst Anfang April 1945, rund dreieinhalb Wochen vor ihrer Besetzung durch die britische Armee, wurde das Werk »Birke« bei Luftangriffen der Alliierten erstmals bombardiert. Nach dem Krieg wurden die meisten Gebäude gesprengt und das Gelände in den Dünen entseucht. Pläne zum Bau einer neuen Pulverfabrik nach Gründung der Bundeswehr 1955 zerschlugen sich schnell wieder, die Stadt Geesthacht lehnte dankend ab.

Mahnmal im Unterholz Inzwischen erfreuen sich Landschaft und Natur wieder großer Beliebtheit bei Naturfreunden, aber auch bei historischen Spurensuchern. Von einem kleinen Parkplatz am Elbufer direkt am westlichen Rand eines neueren

Industriegebiets lässt sich bestens in die Landschaft aus Sandbergen und Elbsandwiesen wandern. Ein Spazierweg um das Industriegelände herum führt am Ende in ein Waldgebiet mit großer Lichtung unmittelbar vor die Tür der vor sich hin rottenden Zeitzeugen. Wuchtige Betonruinen erheben sich aus Buschwerk und Unterholz und geben eine Ahnung von der Dimension der ehemaligen Pulverfabrik. Im Wald verstreut lassen sich nach längerem Suchen noch weitere Überreste von Fundamenten entdecken. Die Ruinen trotzen als Mahnmal seit inzwischen über 70 Jahren jedem Wind und Wetter. Längst haben sich auch hier namenlose Sprayer mit ihren Kompositionen verewigt und bringen ein bisschen Farbe in die düstere Geschichte. Anders als an anderen vergessenen Plätzen in und um Hamburg gehen die Stadtoberen hier sehr offensiv mit diesem Teil ihrer Stadtgeschichte um. Der ehemalige Schlagbaum ist auf die Seite gelegt, Besucher und Neugierige werden auf Tafeln offensiv über die Geschichte des Areals informiert, welche Sprengkraft die so lieblich und natürlich anmutende »Birke« im wahrsten Sinn des Wortes hatte.

Nichts lässt den Schrecken erahnen, der von der Fabrik ausging.

17 Wenzel und die Werft

Der U-Bootsteich Wedel

Wo heute Fußball gespielt und geangelt wird, sollte mitten auf dem Festland eine Kriegswerft für U-Boote entstehen.

Ort Wedel, Schulauer Straße **GPS** 53.57613171101867, 9.698783945354938 **Anfahrt** Mit dem eigenen Auto zum Elbe-Stadion an der Schulauer Straße, Parkplatz gegenüber; mit dem Bus 594 vom S-Bahnhof Wedel bis »Am Freibad«, 4 Minuten Fußweg.

Ein Ground auf historischem Grund Besucher des Elbe-Stadions in Wedel an der Landesgrenze erfreuen sich gern an der geschützten Lage der Arena. Kleine Stehtraversen sind in eine Art Geestrücken eingelassen, der mit seinem Buschwerk einen idealen Windschutz bietet. Der Ground ist nicht etwa eine planerische Meisterleistung, sondern war den gegebenen Umständen angepasst. Eine riesige Bodensenke als Rest einer Baugrube aus dem Krieg schien den Bauherren der ideale Platz für die beschauliche Sportstätte. Im Sommer 1953 weihte der Turn- und Sportverein das Elbe-Stadion mit einem zweitägigen Sportfest ein und gab dem geschichtsträchtigen

In der ehemaligen Bunkerbaustelle sind jetzt die Angler zuhause.

Platz ein neues Gesicht. Auf Spurensuche nach den Ursprüngen des Geländes muss man keine hundert Meter gehen, nur über die Schulauer Straße auf die andere Seite. Inmitten eines verwunschenen Biotops aus dichtem Buschwerk, blühenden Ufergräsern und tiefhängenden Bäumen liegt dort ein 0,5 Hektar großer Tümpel: der Wedeler U-Bootsteich. 1943 sollte hier und auf dem Gelände des Sportstadions eines der größten Rüstungsprojekte der Nationalsozialisten entstehen, eine riesige unterirdische U-Boot-Werft.

Militärsonderprojekt in der Marsch Die Unterseeboote der Kriegsmarine galten den Oberbefehlshabern im Zweiten Weltkrieg als einzige wirksame Offensivwaffe gegen die westlichen Alliierten, nachdem die Luftangriffe auf England fehlgeschlagen waren. 52 U-Boote im Jahr, praktisch eines pro Woche, sollte allein die renommierte Hamburger Kriegswerft Blohm + Voss zu Wasser bringen. Doch zunehmende Bombenangriffe auf die klassischen Werftanlagen im Hafen erschwerten die Rüstungsproduktion nachhaltig und brachten die Pläne Hitlers ins Stocken. Neue Schiffswerften, bombensicher in Bunkern untergebracht, sollten die Produktion von Tauchbooten wieder ankurbeln. Ende 1942 beschloss das Oberkommando der Marine deshalb das »Militärsonderprojekt Wenzel«, den Bau eines gigantischen U-Boot-Bunkers mitten in der Wedeler Marsch – auf dem Trockenen. Der Bunker sollte 250 Meter lang, 284 Meter breit und 20 Meter tief in den Geesthang gerammt wer-

Informationsplakat zum geplanten Bunker

U-Bootbunkeranlage Valentin in Bremen

Es war geplant, den Bunker ca. 600 m von der Elbe entfernt in den Geesthang einzubetten. Die untere Hälfte der Höbüschentwiete, die Kantstraße, die Adalbert-Stifter-Straße und die Schulauer Straße zwischen Gorch-Fock-Straße und Bekstraße wären unter dem Bauwerk verschwunden. Diverse Gleisstränge hätten sich parallel der Bahnhofstraße zum Bunker und zum Schulauer Hafen geschwungen. Die Gleise wären beim Wedeler Bahnhof an das Schienennetz der Vorortbahn (S-Bahn) angeschlossen worden und hätten Teile für die U-Bootfertigung angeliefert. Dem U-Boot-Bunker vorgelagert waren ein Hafenbecken von ca. 80 000 m³ und ein ca. 600 m langer Verbindungskanal. Der Kanal mündete im Bereich des Wedeler Strandbades in die Elbe. Die alte Badeanstalt war bereits im Frühjahr 1944 weitgehend durch Bagger abgetragen worden. Der Bunker hätte vermutlich 11 Boxen mit je 2 Liegeplätzen bekommen. Im hinteren Teil der Werft waren auf 5 Etagen Werkstätten vorgesehen. Insgesamt wäre ein Betonklotz von 247 m Länge und 284 m Breite mit einer Höhe von ca. 20 m entstanden.

U-Bootbunkeranlage in Brest

den. Für den Zugang zur Elbe wollten die Militärs einen 600 Meter langen Kanal graben lassen, der Zugangsstutzen ist am heutigen Strandbad noch zu erahnen. Die Pläne für »Wenzel« waren gigantomanisch und praktisch ein Symbol für den Größenwahn der Nationalsozialisten. In elf Bunkerkammern sollten jeweils zwei Boote liegen und gebaut werden können, die Werkstätten sollten sich über fünf Stockwerke erstrecken. Die Fertigungsteile sollten in Zügen über extra verlegte Gleisanlagen vom Bahnhof Wedel herbeigekarrt werden. Im Frühjahr 1943 begannen die Erdarbeiten mit dem Aushub des Bunkerbeckens und des geplanten davor liegenden Hafenbeckens. Doch schon im Sommer musste die Buddelei aufgrund der heftigen Bombenangriffe vorübergehend eingestellt werden. Im November wurden die Erdarbeiten wieder aufgenommen, die Kriegsmaschinerie hielt noch unverdrossen an ihrem Zeitplan fest – 1946 sollte die U-Boot-Werft in Betrieb gehen können. Aber daraus wurde nichts. Im Frühjahr 1944 wurden die Arbeiten endgültig gestoppt. Die Planer der Nazis hatten mehr Gefallen an einem anderen Riesenprojekt gefunden, dem U-Boot-Bunker »Valentin« in Bremen. Darauf sollten von nun an alle verfügbaren Mittel konzentriert werden.

Geheimtipp für Angler Heute erinnert neben dem tiefergelegten Stadion in einem Teil der ehemaligen Baugrube noch der U-Bootsteich an die Kriegsgeschichte. Nach Einstellung der Erdarbeiten war ein Teil der Riesenkuhle schnell voll Wasser gelaufen, eine Seite wurde mit einer Steinmauer stabilisiert, die noch heute sichtbar ist. Der U-Boot-Teich gilt längst als Geheimtipp für Angler. Karpfen, Brassen und Hecht kann man hier fangen – vorausgesetzt, man hat eine rechtmäßige Angelkarte erworben. Biotop und Teich sollen Teil eines durchgängigen Naturparks werden, der von der Wedeler Au über die Parkanlage Elbmarschen mit Freibad und Stellplatz für Wohnmobile bis runter an die Elbe und ihre Wiesen führt.

Rätsel im Tonnenhafen Dort, im Tonnenhafen Wedel, liegt ein gut erhaltener Bunker, über den nur wenig bekannt ist. Der wuchtige Betonklotz mit 32 Metern Länge

und 8 Metern Breite, der zur Hälfte in der Erde versenkt ist, gibt Rätsel auf. Er wurde womöglich 1943/44 errichtet und sollte vermutlich die Steueranlagen für die Seezeichen auf der Unterelbe, vor allem aber auch das im Tonnenhafen tätige Personal schützen. Ein Zusammenhang mit dem Projekt »Wenzel« ist nicht nachgewiesen und gilt Experten als unwahrscheinlich. Belegt ist lediglich, dass im Tonnenhafen auch viele Zivilpersonen aus der Nachbarschaft Schutz vor Bombenangriffen fanden. Der Bunker liegt auf dem Privatgelände des Wasser- und Schifffahrtsamtes und ist nicht öffentlich zugänglich.

Bunkeranlage auf dem Gelände des Wasser- und Schifffahrtsamtes

18 Zeitreise ins Gestern

Der Geistertunnel

Eine U-Bahn-Station unter dem Hauptbahnhof mitten im Stadtzentrum hat seit über 52 Jahren keinen Zug gesehen.

Ort: City, Hauptbahnhof Hachmannplatz 16 **GPS** 53.55392145289395, 10.007945627006922
Anfahrt Mit diversen U- und S- Bahnen oder Bussen zum Hauptbahnhof, direkter Zugang über die U-Bahnstation Hauptbahnhof-Nord (U1 und U4).

Reklame auf dem Bahnsteig, die nie Fahrgäste zu sehen bekamen.

Bunte Werbung für niemand Ein verblasstes und zerfleddertes Plakat auf den Kacheln der U-Bahnstation wirbt für eine Kiste Bier im »Europaformat«, daneben wird auf verblichenem Gelb und abblätterndem Grund ein Gastspiel des Circus Krone angekündigt, zwei Vorstellungen täglich auf dem Heiligengeistfeld. Die Auftritte waren den Fahrgästen für die Zeit vom 19. September bis 8. Oktober 1968 annonciert, doch gelesen haben dürfte sie niemand. Das gilt wohl auch für die nicht weit davon hängende grelle Empfehlung für ein Kaufhaus, das schon seit Jahren seine Tore in Hamburg geschlossen hat, und die Empfehlung zur Weiterbildung (»Lerne für morgen«), die längst von gestern ist. Denn die Reklamewände sind in einer Tunnelröhre der U-Bahnstation Hauptbahnhof-Nord montiert, die nie einen Zug gesehen hat.

Die Zeit steht still Vor über 52 Jahren, im Herbst 1968, wurde die Station für den Fahrbetrieb eröffnet. Aber nur die beiden mittleren der vier Röhren wurden auch für eine Teilstrecke in der Innenstadt in Betrieb genommen – vom Jungfernstieg zum Berliner Tor. Die beiden äußeren Stationstunnel waren eine »Bauvorleistung«, so Hochbahnhistoriker Daniel Frahm, für eine neue Linie. Es war damals die Phase ambitionierter politischer Pläne. Das Hamburger U-Bahn-Netz, das 1912 mit einer innerstädtischen Ringbahn eröffnet worden war, sollte modernisiert und ausgebaut, die schnell wachsenden Außenbezirke besser angebunden werden – bis die Ölkrise Anfang und Mitte der Siebzigerjahre allen Planungen einen finanziellen Strich durch die schönen Konzepte machte. Die beiden äußeren Tunnelröhren waren für eine Verbindung vorgesehen, die Hamburgs Osten 30 Meter unter dem Hauptbahnhof mit einem »Westast Richtung Altona und Osdorf« (Frahm) verlinken sollte. Doch die Wirtschaftskrise machte die Idee zunichte. Seitdem steht die Zeit in den Geistertunneln still. Es fuhr kein Zug nach Nirgendwo, die Station nimmt seltene Besucher lediglich mit auf eine Zeitreise.

Rechte Seite: Von dem Stationsschalter wurde keine einzige U-Bahn abgefertigt.

In der fast fertigen U-Bahnstation fehlten nur die Gleise.

Hauptbahnhof-Nord
Hauptbahnhof-

Veraltete Wegweiser auf dem Bahnsteig

Schienen hat die Bahnstation nie gesehen Die Kacheln in der gekachelten Röhre glänzen, sofern sie nicht aus der Wand gefallen sind oder für notdürftige Sanierungsmaßnahmen entfernt werden mussten. Ein Schalter für die Zugabfertigung nach technischem Standard von Vorgestern ist auf dem Bahnsteig eingerichtet. Für eilige Fahrgäste wird auf Schildern an den Bahnsteigwänden der Weg zu Taxen, Bussen und Straßenbahnen gewiesen – die allerdings schon vor fast 40 Jahren abgeschafft wurden. Das Gleisbett ist leer, Bauplatten sind dort abgestellt. Schienen hat die Betonrampe nie gesehen. Die Szenerie wirkt surreal: Nebenan, in den mittleren Nachbarröhren, rattern die U-Bahnen der Linien U1 und U4. Hier wartet eine intakte U-Bahnstation auf den nächsten Zug, der nicht kommen wird.

Eine Zweiglinie wird geschlossen Es war und ist im Hamburger U-Bahnnetz mit inzwischen 95 Haltestellen die einzige Geisterstation. Eine ähnliche ist nur noch in den Geschichtsbüchern der Bahn überliefert. Zwei Jahre nach Eröffnung der Ringbahn wurde die kurze Zweiglinie Eimsbüttel in Betrieb genommen, die bis zur Endhaltestelle »Hellkamp« an der nördlichen Hamburger Landesgrenze führte. Der heutige Stadtteil Stellingen mit dem weltberühmten Tierpark Hagenbeck gehörte damals noch nicht zum Stadtgebiet, sondern zu Preußen. Nach dem Zweiten Weltkrieg wurden die Beförderungszahlen immer höher, neue Linien für die wachsende Stadt mussten her. In den Sechzigerjahren wurde die Linie U2 dann erweitert, zunächst bis zum Tierpark. Hellkamp wurde für die neue Linienführung links liegen gelassen und zur einzigen Station in der Geschichte der Hamburger Hochbahn, die

Im Zugang zur Station Hauptbahnhof-Nord ist die tote U-Bahn-Röhre zu sehen (links).

wieder geschlossen wurde. Seit einigen Jahren ist der Bahnhof komplett zurückgebaut. Nur noch ein paar Kacheln in einem Teil der Tunnelröhre und ein ehemaliger Notausstieg an einer Kreuzung in Eimsbüttel erinnern vage an die alte Station.

Projekt für die Mobilitätswende Die Station Hauptbahnhof-Nord dagegen wartet auf eine neue Zukunft. Der Bahnsteig ist derzeit nicht zu begehen. Nur ausgewählten Besuchergruppen wird zu besonderen Anlässen der Zutritt gewährt. Von beiden Zugängen, wo die Rolltreppen zur Nachbarlinie führen, sind immerhin Blicke in die mit Notlichtern schwach erleuchtete Röhre möglich. Und neuerdings gibt es vielleicht sogar eine Perspektive für das tote Gleisbett mit Bahnsteig. Die politische Entscheidung für eine neue Linie U5 zwischen den Sportarenen am Volkspark im Westen Hamburgs mit Stadtgebieten im Osten ist gefallen. Das »zentrale Projekt für die Mobilitätswende in Hamburg«, wie Bürgermeister Peter Tschentscher die Strecke nennt, soll wie nach den alten Plänen quer durch die Stadt mit Halt im Zentrum führen. Dafür könnte die Geisterstation am Hauptbahnhof-Nord ertüchtigt werden. Die Planer jedenfalls zeigen sich überaus zuversichtlich. Vor wenigen Jahren hörte sich das allerdings noch etwas anders an. Die »nicht genutzten Bahnsteige sind aufgrund der derzeit gültigen Vorschriften hinsichtlich ihrer Abmessungen für einen künftigen Betrieb nicht ausreichend, die vorhandene Haltestelle muss erheblich umgebaut werden«, antwortete der Senat auf Fragen im Landesparlament. Von »komplexen bautechnischen Herausforderungen« war die Rede. Aber die Hoffnung stirbt bekanntlich zuletzt.

19 Schnaps am Haken

Das Branntweinmonopol

In Rothenburgsort liegt eine ehemalige Bundesbehörde für Alkohol auf dem Trockenen – mit attraktivem Elbblick.

Ort Rothenburgsort, Billwerder Neuer Deich 28 **GPS** 53.53443969532205, 10.03364220277798
Anfahrt Mit der S-Bahn S2 und S21 bis Rothenburgsort, von da 15 Minuten Fußweg. Oder mit Bussen der Linien 3, 119, 120, 122 und 124 bis Billhorner Deich und dann 10 Minuten zu Fuß.

Kein Schnaps geht mehr über den Tisch Der Ort atmet Geschichte. Oder sollte man besser sagen »schluckt« Geschichte? Hinter Stacheldrahtverhauen und zum Teil doppelwandigen Zaunanlagen schläft die ehemalige Reichsmonopolverwaltung für Branntwein bis heute ihren letzten Rausch aus. Die Schuppen mit ihren Laderampen und die Büros stehen seit fünf Jahren leer. Und sehen trotzdem fast noch so aus, als warte eine Spedition auf ihre nächste Fuhre. Zerbrochene Scheiben, Graffiti an

Hauptgebäude des Branntweinmonopols

Mauern und Zäunen und wucherndes Unkraut erzählen aber etwas anderes: Der Platz ist »trocken«, hier geht kein Branntwein oder Schnaps mehr über den Tisch. Für die ehemalige Bundesbehörde interessieren sich nur noch Sprayer, Stadtplaner und Spekulanten.

Kontrolle von gepanschtem Alkohol Die über 12 000 Quadratmeter große Anlage in Rothenburgsort ist in jeder Beziehung geschichtsträchtig. Sie erstreckt sich entlang des ehemaligen Hafenbeckens »Haken«, einem Abzweig der Norderelbe kurz vor den Elbbrücken. Vor gut hundert Jahren kontrollierte hier die Zollstation Entenwerder Binnenschiffer aus der Bille und der Norderelbe, die über den Oberhafenkanal in die Hamburger Innenstadt schippern wollten. Weil die Weimarer Republik verhindern wollte, dass deutsche Alkoholbrennereien Konkurrenz durch billigen, aber womöglich gepanschten Fusel aus dem Ausland bekamen, wurde 1922 die Reichsmonopolverwaltung für Branntwein gegründet und mit einem Ableger dort angesiedelt. Die norddeutschen Brennereien aus Hamburg, Niedersachsen und Schleswig-Holstein mussten ihren Alkohol in Rothenburgsort abliefern, wo er geprüft, gereinigt und dann weiterverkauft wurde – mit einträglichem Gewinn fürs Amt. Die Schnapsbehörde lenkte praktisch den deutschen Markt. Ungeliebte Konkurrenz von

Zufahrt zum Betriebsgelände

außen, die ihren Alkohol zum Beispiel nicht aus Kartoffeln, Getreide oder Obst brannte, sondern aus preisgünstigeren Zuckerrüben oder Zuckerrohrmasse, wurde abgewehrt. Zwar gab es Spezialitäten wie Rum oder Whiskey, die den Weg über die Grenze schafften. Aber richtig Geld machten die Brennereien mit reinem Alkohol für die industrielle Produktion etwa von Medikamenten oder Kosmetik.

Die Macht des Monopols schwindet 1951 wurde die Behörde als Bundesmonopolverwaltung für Branntwein neu gegründet und steuerte von Offenbach aus über 200 000 deutsche Alkoholerzeuger. Sie kaufte zu Garantiepreisen und verkaufte zu Marktpreisen. Das rechnete sich eine Zeitlang. Doch 1976 kippte der Europäische Gerichtshof das Einfuhrmonopol, weil die Römischen Verträge einen freien Markt für Mitgliedsländer der Europäischen Gemeinschaft garantierten. Billiger Alkohol aus Italien oder Frankreich floss ins Land, Macht und Einfluss der Behörde sanken. 1979 entschied der Europäische Gerichtshof zugunsten einer Supermarktkette, dass sie einen in Frankreich beliebten Johannisbeer-Likör auf den Markt bringen durfte – gegen das Votum der Monopolbehörde, die dem süßen Gesöff zu wenig Alkohol testierte. 2003 beschlossen die EU-Regierungen und die Europäische Kommission dann das endgültige Aus des Monopols. Die Abwicklung zog sich bis 2017 hin, aber die Behörde schrumpfte von 650 Mitarbeitern in den Siebzigern auf zuletzt nur noch 20 Angestellte bundesweit.

Neues Leben für die Bronx Das Gelände des ehemaligen Branntweinmonopols in Hamburg ist eigentlich ein Filetstück für die künftige Stadtentwicklung nach Osten, aber es liegt seitdem brach. Die Bundesanstalt für Immobilienaufgaben möchte dort gern eine Zollakademie mit Schulungsräumen und 400 Einzelzimmern für Auszubildende unterbringen. Die Stadt und vor allem die Anwohner haben Größeres vor und wollen zumindest eine städtische Teilnutzung erreichen. Rothenburgsort gehört zu den ärmsten Vierteln der Stadt, nicht einmal eine weiterführende Schule gibt es hier noch. Nur knapp zehntausend Menschen leben in der »Bronx von Hamburg«, wie das Viertel manchmal abschätzig genannt wird, in heruntergekommenen Wohn-

häusern zwischen stillgelegten Industriebetrieben und lärmenden Verkehrsachsen. Die meisten Hamburger kennen die Gegend nur vom Vorbeifahren durch einen kurzen Blick von den Elbbrücken oder von einer Radtour auf dem Weg in die Marschen der Oberelbe – vorbei an den Schuppen und Lagerhallen des Branntweinmonopols, die sich hinter Zäunen ducken, die an die deutsche Teilung erinnern. Dabei ist die Lage entlang des Stroms prädestiniert für neues Leben und größere Aufgaben. Das Areal am »Haken« liegt unmittelbar gegenüber vom schönen Elbpark Entenwerder. Die Elbe mit Buchten und Wasserbecken bietet Platz für Wassersport und Naherholung. Engagierte Bewohner möchten hier deshalb ein Stadtteilzentrum ansiedeln mit Freizeitmöglichkeiten, Platz für Kreative und Wohnraum. Ihr Motto: »Monopol für alle«. Eine Halle wird immerhin schon jetzt und bis auf Weiteres von der Initiative »Bürger helfen Bürgern« genutzt – für Lebensmittel- und Kleiderspenden.

In den Prüfhallen des Hauptgebäudes fanden die Kontrollen statt.

20 Elfen zwischen Gräbern

Der Wohlfühl-Friedhof

Chillen und tanzen zwischen 150 Jahre alten Grabsteinen: Der beliebte Wohlerspark macht's möglich.

Ort Altona, Norderreihe 2, weitere Eingänge auch Max-Brauer-Allee und »Bei der Johanniskirche« **GPS** 53.5579513579218, 9.953113635935736 **Anfahrt** Mit der S-Bahn S11, S21, S31 bis Holstenstraße, von da 10 Minuten Fußweg, oder mit den Buslinien 115, 15 20, 25, 183 bis Max-Brauer-Allee (Mitte) und dann nur noch 4 Minuten zu Fuß.

Der Chemnitz-Grabstein im Sonnenlicht

Eine grüne Metropole In Broschüren rühmt sich Hamburg gern als »grünste Millionenstadt der nördlichen Hemisphäre«. Welche Region die nördliche Hemisphäre auch immer umfassen und wie auch immer sich »grün« definieren mag – Hamburg ist auffallend grün. Die großen Flussläufe Elbe, Alster und Bille bieten die natürlichen Voraussetzungen dafür, wie auch zahlreiche Seen oder Flut-Überlaufbecken, dazu die vielen großbürgerlichen Villenviertel wie Blankenese, Nienstedten, Othmarschen, Sasel oder Volksdorf. Vor allem aber 133 öffentliche Parks machen die Hafenstadt zu einer grünen Metropole. Über die Grenzen hinaus bekannte Anlagen wie der Volkspark, Heimat des Hamburger Sport-Vereins, »Planten un Blomen« oder der nach Loki Schmidt, Ehefrau des früheren Bundeskanzlers Helmut Schmidt, umbenannte Botanische Garten mit seiner Blumen- und Pflanzenpracht gehören dazu. Zu den angesagtesten Grünanlagen der Stadt gehört aber eine ganz andere: Der Wohlerspark in Altona-Altstadt ist hip. Die 4,6 Hektar große Grünfläche ist ein Wohlfühlpark zwischen Gräbern und Grabsteinen, denn er liegt auf einem ehemaligen Friedhof und bis heute erinnern zahlreiche Spuren daran. Und das ist so gewollt.

Kartoffelbeete zwischen Gräbern Der ehemalige Norderfriedhof der evangelisch-lutherischen Kirchengemeinde St. Johannis wurde 1831 für Bestattungen an der Wohlers Allee eröffnet und bis 1979 als Begräbnisstätte genutzt. Binnen weniger Jahre nach Eröffnung waren nahezu alle Grabplätze als sogenannte Erbbegräbnisse vergeben, sodass bereits ab 1879 keine neuen Grabstellen mehr verkauft wurden. Im Zweiten Weltkrieg wurde der Friedhof schwer beschädigt, in der Nachkriegszeit fällten notleidende Menschen auf der Suche nach Brennholz viele der stattlichen Linden, Schrebergärtner pflanzten zwischen den Grabstätten Kartoffeln und Gemüse an – aber etliche Grabstellen überlebten und blieben erhalten. 1979 wurde die Anlage als öffentliche Grünfläche deklariert und zum Wohlerspark. Heute chillen junge Eltern mit ihren Kleinen auf glänzenden Grabplatten, während Rentner und Esoteriker zwischen verfallenen Grabsteinen und Gruften Tai Chi machen und Jogger den Schauplatz umrunden.

Rechte Seite: Grabsteine im Wohlerspark

Abschalten und Ausspannen im Schatten von Gräbern

Altes Familiengrab im Wohlerspark

Blüchers Gruft unter den Linden Der »Meditationspark«, wie ihn Einheimische gern nennen, wurde 2020 mit öffentlichen Geldern aufgehübscht und um eine attraktive Spielfläche für Kinder erweitert. Die historischen Strukturen blieben dabei unangetastet. Zahlreiche rund 150 Jahre alte Grabstätten ducken sich in den Schatten der Johannis-Kirche und der mächtigen Linden, die sich entlang zweier sich kreuzender Alleen in den Hamburger Himmel recken. Es sind die Grabstellen großer Hamburger Familien aus dem 19. Jahrhundert, die weitgehend unbeachtet unter Buschwerk Moos ansetzen. Die bedeutendste Grabstätte auf dem neuen Wohlfühl-Friedhof ist eine ausgemauerte Hügelgruft von Conrad Daniel Graf von Blücher-Altona mit einem spätklassizistischen Portal aus Sandstein. Der ehemalige dänische Oberpräsident von Altona hatte während der Besetzung Hamburgs durch die Franzosen mit geschickter Diplomatie seine Stadt 1813/14 vor Übergriffen und Zerstörung durch fremde Truppen bewahrt. Wegen seiner spontanen Hilfsbereitschaft unter anderem mit der Altonaer Feuerwehr während des Großen Hamburger Brandes 1842 wurde er später zum Hamburger Ehrenbürger ernannt. Ein Denkmal in der Nähe des Hamburger Rathauses erinnert noch heute an ihn.

Grabstätte von Altonas Oberpräsidenten Blücher

Sänger, Reeder und dänische Militärs Nicht weit entfernt von dem kleinen Mausoleum steht der Gedenkstein der ehemaligen Grabstätte von Matthäus Friedrich Chemnitz. Der Jurist und leidenschaftliche Chorsänger kam als Autor des Schleswig-Holstein-Lieds zu Ruhm: »Schleswig-Holstein, meerumschlungen, deutscher Sitte hohe Wacht ...« Seine letzten Lebensjahre verbrachte Chemnitz in verarmten Verhältnissen gleich nebenan vom Wohlerspark in Altona-Altstadt. Nach seinem Tod 1870 fand er seine letzte Ruhe in einer Grabstelle, die ihm ein befreundeter Kaufmann zur Verfügung stellte. Der Grabstein, der noch heute zu sehen ist, wurde 1913 aufgestellt. Auch andere Grabsteine bedeutender Altonaer Familien aus dem 19. Jahrhundert, über die wenig Details überliefert sind, zeigen sich gut erhalten: Zum Beispiel ein Familiengrab aus der Reederdynastie Stülcken, aber auch einige militärische Gedenksteine aus der dänischen und preußischen Geschichte.

Ein Park der Gegensätze Es gibt wohl keinen anderen Hamburger Park, in dem sich Gegensätze so treffen wie im Wohlerspark. Der morbide Charme 150 Jahre alter Stadtgeschichte neben kindlichem Frohsinn, das Spiel von Licht und Schatten in einer grünen Oase neben einer der meistbefahrenen Hauptstraßen von West nach Ost, die an lauen Sommerabenden Hobby-Elfen als Bühne zwischen Gräbern und auf Grabplatten dient. Ein vergessener Friedhof macht's möglich.

21 Europäische Dimension

Die Wiege-Einrichtung

In einem Rangierbahnhof der Hafenbahn überleben Zeitzeugen der Güterverkehrsgeschichte.

Ort Hohe Schaar, Eversween **GPS** 53.491875471780475, 9.97834728312326 **Anfahrt** Am besten mit dem eigenen Auto bis zum Stellwerk/Fahrdienstleitung im Eversween, sonst mit dem Bus 153 von Bahnhof Harburg bis Eversween (Mitte), 4 Minuten Fußweg.

Europas größter Eisenbahnhafen Kaum jemand kennt sie und noch weniger wissen um ihre besondere Bedeutung. Dabei ist die »Hamburger Hafenbahn« ein Projekt von europäischer Dimension. Die Hafenbahn transportiert Container sowie Schütt- und Stückgut von den Schiffen im Hafen zu den Güterzügen, die Waren und Wertstoffe weiträumig ins Hinterland befördern. Und umgekehrt. Für diesen Zulieferservice stellt die Hafenbahn seit 160 Jahren die Infrastruktur zur Anbindung an das öffentliche Eisenbahnnetz, das heißt vor allem die Gleisanlagen und Technik. Die Hafenbahn betreibt keine eigenen Züge. Das Schienennetz im Hafengebiet ist insgesamt über 450 Kilometer lang und wird von rund 150 unterschiedlichen Verkehrsunternehmen mit täglich rund 200 Zügen genutzt. Über Europas größten Rangier-

bahnhof in Maschen und die Strecken Richtung Cuxhaven haben sie Anschluss an die bundesweiten Fernverbindungen. Fast 50 Millionen Tonnen Güter unter anderem in 2,7 Millionen Containern werden so jährlich bewegt. Gut 12 Prozent des gesamten deutschen Güterschienenverkehrs beginnen oder enden im Hamburger Hafen. Er gilt deshalb wegen des Güterumschlags vom Wasser auf die Schiene als Europas größter Eisenbahnhafen. »Darauf sind wir stolz«, werden die Betreiber nicht müde zu betonen.

Nur Industrie und Gleisanlagen Einer von drei großen Hafenbahnhöfen ist der sogenannte »Haupthafenbahnhof Hohe Schaar«, der zwischen 1958 und 1962 in Betrieb genommen wurde. Die kleine Elbinsel zwischen Wilhelmsburg und Moorburg erstreckt sich über rund 3 Kilometer entlang der Süderelbe und ist eigentlich ein trister Industriestandort. Kioske oder Kneipen sucht man hier vergeblich, das »normale Leben« besteht aus einer Bushaltestelle. Ansonsten überall Tanks, Containerplätze, Zäune und Fabrikhallen. Kein Zugang zur Elbe und kaum Bäume. Dazwischen nur riesige Gleisanlagen. Denn der Rangierbahnhof Hohe Schaar ist die große Verteilerstelle für Transporte aus den südlichen Hafenteilen, die nahe Wilhelmsburg an die nationale Bahnroute Hamburg–Harburg anschließt.

Mit Schwerkraft über den Ablaufberg Kern des riesigen Rangierbahnhofs ist ein sogenannter Ablaufberg etwa auf der Höhe der Fahrdienstleitung. Von hier werden Güterwaggons von Rangierlokomotiven auf eine schiefe Bahn gedrückt, über

Verlassenes Bedienungshäuschen der Güter-Hafenbahn

die sie dann, angetrieben nur durch die eigene Schwerkraft, nach unten rollen und sich auf Richtungsgleisen zu Güterzügen an unterschiedliche Bestimmungsorte zusammenfügen. Damit die einzelnen Waggons nicht mit zu hohem Tempo den Berg runterbrettern, wurde in der Vergangenheit in mechanisierten Rangierbahnhöfen die Geschwindigkeitsregulierung durch sogenannte Gleisbremsen vorgenommen, nachdem zuvor das Gewicht der jeweiligen Güterwagen ermittelt worden war. Vor allem bei Stückgut wurde das Gewicht auch zur Frachtberechnung ermittelt. Inzwischen steuert ein Fahrdienstleiter den Ablauf der einzelnen Waggons von einem Pult in einer Art Bahn-Tower aus und bedient von dort Gleisbremen, die mit elektronischen Sensoren arbeiten. Die Relikte aus der Zeit vor der Computerisierung haben aber an manchen Stellen überlebt – wie die Wiege-Einrichtung des Rangierbahnhofs auf der Hohen Schaar. Das Bedienungshäuschen dazu steht auf der Kuppel des Ablaufhü-

Die Natur erobert Teile des Güterbahnhofs.

gels, von dem der Blick weit über die Gleisverteilung weiter unten reicht. Der Glaskasten, der ein bisschen wie eine Passkontrollstelle aussieht, steht zwischen den Gleisen und ist völlig entkernt. Gleich nebenan parken Lokomotiven, die bei Bedarf eingesetzt werden können. Ein paar Meter entfernt sind die alten Gleisbremsen zu sehen, nicht weit davon entfernt das Haus des Fahrdienstleiters.

Relikt für Eisenbahnfreunde Die Wiegeeinrichtung ist ein Stück Eisenbahngeschichte und ein »Muss« für Train-Spotter und Eisenbahnfreunde. Nicht nur, weil es wohl nicht mehr viele solcher Relikte aus alten Tagen hautnah zu erleben gibt, sondern weil wahrscheinlich nur noch an wenigen Plätzen die Betriebsamkeit eines Güterbahnhofs und der Wandel der Verkehrstechnik so unmittelbar zu erleben sind. Und Betrieb ist dort reichlich.

22 Sauber durch Sand und Kiesel

Die Schieberhäuschen

Überreste des Wasserwerks Kaltehofe dokumentieren eine beispiellose Ingenieursleistung des 19. Jahrhunderts.

Ort Elbinsel Kaltehofe/Rothenburgsort, Kaltehofe-Hauptdeich **GPS** 53.52448694955034, 10.053325392264128 **Anfahrt** Am besten mit dem eigenen Auto über Rothenburgsort auf die Elbinsel, Parkplatz direkt an der »Wasserkunst Kaltehofe«, oder mit dem Bus 530 zum Beispiel von S Rothenburgsort (S2, S21) bis zur »Wasserkunst«.

Aus dem Wasserwerk wurde ein Biotop.

Schachbrett im Delta Die Elbinsel Kaltehofe ist ein ganz besonderes Stück Land im Binnendelta der Elbe südlich von Hamburg, aber zugleich die wohl am wenigsten beachtete Insel. Dort, wo sich das Flusstal der Elbe durch die Gezeiten über Jahrhunderte in mehrere Flussarme und -äste zwischen Norder- und Süderelbe teilt, bevor es im Westen der Stadt wieder zu einem breiten Strom wird, entstand Kaltehofe zwischen 1875 und 1879 erst durch einen künstlichen Durchstich, um den Verlauf der Norderelbe zu begradigen. Anders als andere Elbinseln ist Kaltehofe seit Ewigkeiten praktisch unbewohnt, und außer einer kleinen Bootswerft haben bis heute auch die Hafenwirtschaft und der Schiffbau einen großen Bogen um das Eiland gemacht. Aus der Vogelperspektive ähnelt die nur 60 Hektar große Insel einer Art Schachbrett, denn sie wird zu einem großen Teil von quadratisch angeordneten, akkurat gleichgroßen Wasserbecken bedeckt. Dazwischen stehen an den Rändern kleine runde Backsteinhäuschen, die zum Teil saniert und wiederhergestellt sind, zum Teil aber auch in undurchdringliche Natur eingebettet als halbe Ruinen im Koma liegen. Die sogenannten Schieberhäuschen waren elementarer Bestandteil des ehemaligen Wasserwerks Kaltehofe, das vor über hundert Jahren zu den größten technischen Errungenschaften Europas gehörte.

Rechte Seite: Saniertes Schieberhäuschen

Schieber und die Speicherstadt Wegen zunehmend schlechter werdender Qualität des Hamburger Trinkwassers, was Ende des 19. Jahrhunderts zu einer Cholera-Epidemie führte, wurde auf Kaltehofe eine große Sandfilteranlage zur ersten zentralisierten Trinkwasserversorgung der Stadt gebaut und 1893 in Betrieb genommen. Kernstück der Anlage waren 22 Wasserbecken, die eine Art Reinigungsstraße bildeten. Anfangs noch Flusswasser, aber bald schon nur noch Grundwasser wurden auf die Elbinsel gepumpt. Dort wurde das kostbare Nass nach und nach durch jeweils bis zu einen Meter dicke Sand- und 60 Zentimeter starke Kieselschichten in

Nicht alle Schieberhäuschen sind restauriert.

Blick in die Parkanlage

den jeweiligen Becken geleitet und so gefiltert und gereinigt. 997 bis 999 von 1000 Keime pro Kubikzentimeter Wasser wurden so nach wissenschaftlichen Erkenntnissen der damaligen Zeit abgetötet. Zum technischen Ablauf brauchte es 44 Schieberhäuschen, zwei pro Becken. In denen wurden über große Handräder Schieber und Ventile gesteuert, die das Trinkwasser während des Säuberungsprozesses vom einen ins nächste Reinigungsbecken fließen ließen. Verantwortlich für den Bau des Wasserwerks und die Architektur der Häuschen war der Hamburger Bauingenieur Franz Andreas Meyer, der bis zu seinem Tod 1901 das Stadtbild maßgeblich prägte. Er gilt als Schöpfer der historischen Speicherstadt im Hafen, die inzwischen zum UNESCO-Weltkulturerbe gehört. Und auch etliche der berühmten Hamburger Brücken zur Speicherstadt und zum Hafen oder an der Alster sowie bekannte Parks und der Friedhof Ohlsdorf tragen seine planerische Handschrift. Kaum verwunderlich, dass der Baustil der runden Häuschen auf Kaltehofe an die Backsteinarchitektur der Speicherstadt erinnert.

Reservat für Pflanzen und Vögel Ab 1964 wurde in dem einstigen Elbwasserfilterwerk ausschließlich Grundwasser zu Trinkqualität aufbereitet, 1990 dann wurde es endgültig stillgelegt. Rund 20 Jahre lang blieb das Areal der Natur und der Vergänglichkeit überlassen, bevor es 2011 in Teilen zu einem Industriedenkmal hergerichtet und als »Wasserkunst Kaltehofe« für die Öffentlichkeit freigegeben wurde. Inzwischen hatten sich die Wasserreservoirs zu einem Naturreservat mit 281 unterschiedlichen Pflanzenarten entwickelt, darunter sind 47 besonders gefährdete, die auf der nationalen Roten Liste als vom Aussterben bedroht geführt werden. Zu Brutzeiten leben 44 verschiedene Vogelarten auf der Insel, vielen Zugvögeln dienen die Filterbecken als Raststätte. Inzwischen ist ein Viertel der ehemaligen Anlage als Ausflugsgebiet geöffnet, dazu gehört auch die historische Villa mit späthistorischen Elementen und Anleihen an die Renaissance, die einst als Sitz des Hygienischen Instituts diente.

Baufälliges Zeugnis alter Wassertechnik Von den 44 Schieberhäuschen wurden 36 saniert und optisch instandgesetzt. Andere sind Teil des Öko-Reservats und der Natur überlassen. Ihre Holzdächer sind altersschwach und teilweise mit Löchern übersät, die Mauern wirken oft einsturzgefährdet. Zu begehen oder aus unmittelbarer Nähe anzuschauen sind die baufälligen Schieberhäuschen nicht. Sie sind auf abgezäunten Naturpfaden nur aus der Distanz zu sehen. Sie dokumentieren als letztes originales Sachzeugnis die Wassertechnik des 19. Jahrhunderts, das sich so wohl kaum noch irgendwo in Europa findet.

Teile des Wasserwerks wurden zum Naturreservat.

23 Geschichte mit Füßen treten

Der Tiefbunker Hauptbahnhof

Auf Spurensuche im noch fast intakten Luftschutzbunker für Zugreisende unter dem Hauptbahnhof.

Ort City, Hauptbahnhof, Steintorwall **GPS** 53.55129991655833, 10.006176721181308 **Anfahrt** Mit diversen U- und S-Bahnlinien sowie Bussen direkt zum Hauptbahnhof. Der Zugang befindet sich in den Unterführungen von den U-Bahnsteigen zum S-Bahn-Aufgang.

Stahltür in eine andere Zeit Sandra Latussek kann Geschichten erzählen. Die Architektin steht hinter einer Stahltür in der Unterwelt des Hauptbahnhofes. »Geht es hier zur S-Bahn?« Sie kann kaum noch zählen, wie oft sie das schon gefragt worden ist, wenn eilige Fahrgäste den rechten Weg zu ihren Anschlusszügen suchten. Wer aus dem Untergrund der U-Bahn zum Umsteigen in die S-Bahn ans Tageslicht hastet und statt der Treppe nach rechts die Stahltür geradeaus nimmt landet nicht auf einem Bahnsteig, sondern in einer anderen Zeit: Hinter der Eingangspforte im Keller des meistfrequentierten deutschen Fernbahnhofs liegt der »Tiefbunker Steintorwall«. Die dreistöckige unterirdische Anlage ist noch fast vollständig intakt. Zu besonderen Anlässen, zur »Nacht der Museen« etwa oder für Besuchergruppen und zu Führungen, öffnet Sandra Latussek, Geschäftsführerin des gemeinnützigen Vereins »Hamburger Unterwelten«, gern die Türen. Und hat dann alle Hände voll zu tun, normale Fahrgäste abzuwehren.

Der Notausgang 24 landet im Gleisbett der Fernzüge.

Schutztür im Bunker (links), Hinweisschilder für den Notfall

Vom Bahnsteig direkt unter die Erde Der Bunker mit seinen bis zu 3,75 Meter dicken Betonwänden wurde im Rahmen des »Führer-Sofortprogramms« in zwei Teilen zwischen 1941 und 1944 für rund 20 Millionen Reichsmark erbaut. Hitler wollte mit dem Bau von Bunkern die Städte mit für ihn kriegswichtiger Rüstungsindustrie besonders schützen, und Hamburg galt mit seinem Hafen und den Werften sowie vielen Rüstungsbetrieben als Luftschutzort erster Ordnung. Der Bunker war insbesondere für Zugreisende gedacht, die im Fall eines Luftangriffs schnell Schutz vor feindlichen Bombern finden sollten. Auf jedem Bahnsteig gab es daher einen direkten Zugang unter die Erde in den Bunker. In seinen insgesamt 150 Räumen konnten auf 2700 Quadratmetern offiziell 2460 Menschen Schutz vor Feindfliegern finden. Tatsächlich hielten sich aber nach historischen Quellen bei Luftangriffen bis zu 6000 Menschen in den Katakomben auf.

Ertüchtigung statt Entfestigung Nach dem Krieg verzichteten die alliierten Besatzer auf eine »Entfestigung« durch Sprengung, wie sie für die meisten anderen Bunker vorgesehen war. Zu groß war die Gefahr, den Hauptbahnhof in seinen Grundfesten zu erschüttern. Für kurze Zeit zog ein Reichsbahnhotel in einen Teil der unterirdischen Verließe, dann geriet der Bunker in Vergessenheit – bis in den Sechzigerjahren alte Luftschutzanlagen für den Kalten Krieg ertüchtigt wurden. Die Angst vor Atom- oder Giftgasangriffen aus dem Osten war herrschende Sicherheitsdoktrin im Westen. Der Bunker am Hauptbahnhof wurde für 4,5 Millionen Mark mit modernen Drucktüren, Lüftungs-, Notstrom- und Versorgungsanlagen auf den neuesten technischen

Bunkertechnik mit Anleitung

Stand gebracht. Gebraucht wurde der Bunker tatsächlich nur ein einziges Mal – als während der Schneekatastrophe 1978/79 viele Züge stecken blieben und Reisende temporär eine Notunterkunft in den unterirdischen Räumlichkeiten fanden.

Vorhänge statt Türen Der ehemalige Haupteingang an der Kreuzung gegenüber von Hamburgs bekanntester Einkaufsmeile und die Lüftung gleich daneben, die sich zuletzt in einer Litfaßsäule verbarg, sind seit einigen Jahren zugebaut. Auch die Zugänge auf den Bahnsteigen sind versiegelt und nur noch mit Mühe zu erahnen. Die Dieselmotoren sind stillgelegt und der Tiefbrunnen, der Trinkwasser aus rund 160 Metern Tiefe zur Versorgung der Schutzsuchenden nach oben pumpen konnte, wurde 2007 dichtgemacht. Ansonsten ist der Luftschutzbunker im Originalzustand erhalten, inklusive der Inneneinrichtung der Sechzigerjahre. »Das ist ein Museumsstück, wir verändern hier nichts«, sagt Architektin Latussek. Nicht einmal den Notausgang. Wer durch den hindurchgeht, findet sich im Gleisbett für die Fernzüge auf Bahnsteig 13 und 14 wieder. 900 feldbettartige schmale Liegen stehen in engen Räumen dicht an dicht in dreistöckigen Kojen, daneben gibt es 1800 Klappsitze mit Gurten, damit es bei Erschütterungen nicht zu Verletzungen kommen konnte. Die wenigen Toiletten hatten nur Vorhänge statt Türen, um die Gefahr von Selbstmordversuchen bei Panikattacken zu begrenzen. Es gibt eine Küche einfachster Art und eine spärlich

ausgestattete Krankenstation. Bis zu 14 Tage hätten sich insgesamt 2700 Menschen im Kalten Krieg hier vor einem ABC-Angriff schützen sollen.

Die Schutzräume wirken jederzeit einsatzbereit.

Besucher haben ihre eigene Geschichte Der Bunker gehört wohl der Stadt, obwohl er von der Reichsbahn gebaut wurde; so ganz rechtssicher scheint das noch immer nicht geklärt. Sicher ist, dass er dem Verein »Unterwelten« zur Nutzung überlassen wurde und der sich um Verwaltung und Instandsetzung kümmert. So oft es geht, wird er für Besucher geöffnet. »Er ist fast die einzige Möglichkeit, heute noch Geschichte zum Anfassen zu erleben«, berichtet die Geschäftsführerin. Die Nachfrage ist groß. Es gibt Zeiten, da könnte der Verein »stündlich Touren anbieten, aber das können wir nicht leisten«, sagt Latussek über sich und ihre ehrenamtlichen Kollegen und Kolleginnen. Viele Besucher haben immer noch einen ganz besonderen Bezug zu dem schaurigen Ort, weil sie hier während des Krieges Schutz suchen mussten: »Sie haben ihre eigene Geschichte, die sie mitbringen.« Im Bunker-Südteil können sie sich daran erinnern oder auf Spurensuche begeben, der Nordteil wird für andere Verwendungen etwa aus der Kultur vorgehalten. Beim Verlassen des Bunkers, auf dem Weg durch den Nebeneingang über einen S-Bahnsteig ans Tageslicht, über versiegelte Abgänge aus Kriegszeiten und die Treppen des alten Haupteingangs, wird Besuchern auf einmal bewusst, wie sehr sie Geschichte im wahrsten Sinn des Wortes mit Füßen treten.

24 Mottenburg und Hustenbunker

Die Lungenheilanstalt

Am Stadtrand erinnert eine ehemalige Kureinrichtung für Tuberkulosepatienten an die medizinische Herausforderung des 19. Jahrhunderts.

Ort Großhansdorf, Eilbergweg 22–32 **GPS** 53.659976944913765, 10.288796934679954 **Anfahrt** Mit der U-Bahn U1 bis Endstation Großhansdorf, von da etwa 15 Minuten Fußweg, oder mit dem eigenen Auto.

Stillleben im Anstaltspark

Rechte Seite: Eingangsportal zum Sanatorium

Sonnige Terrassen zum Luftholen Wer den kleinen Ortskern von Großhansdorf rund um die Endhaltestelle der U-Bahn verlässt und dem Eilbergweg nach Nordosten Richtung Hoisdorf folgt, kommt schnell in ein schönes Waldgebiet, das zum Verweilen und Luftholen geradezu einlädt. Sogar zwischen im Herbst kahler werdenden Baumstämmen und Buschwerk ist ein Gebäudekomplex mehr zu erahnen als zu sehen. Ein kleiner asphaltierter Wirtschaftsweg führt Neugierige fast direkt vor ein denkmalgeschütztes Jugendstilportal, das ebenso zu einer Jugendherberge wie zu einem Kinderheim gehören könnte. Erst ein Blick auf ausladende Terrassen und Balkone, die der Sonnenseite zugewandt sind, lässt den früheren Verwendungszweck erahnen. Es ist eine ehemalige Lungenheilanstalt, die seit Jahren leer steht – ganz im Gegensatz zur renommierten LungenClinic fast in Rufweite, getrennt nur durch die U-Bahnlinie nach Hamburg.

Schwindsucht war die Geißel des 19. Jahrhunderts Die alte Heilanstalt wurde 1901 von der Deutschen Rentenversicherung für Männer mit Lungentuberkulose an der Landesgrenze errichtet. Sie verstand sich allerdings mehr als Pflegeeinrichtung denn als Reha-Klinik. Tuberkulose war die Geißel des 19. Jahrhunderts. Ende des Jahrhunderts starb fast die Hälfte der arbeitenden Bevölkerung an der sogenannten »Schwindsucht«. Seit der Entdeckung ihres Erregers durch den Mediziner, Mikrobiologen und Nobelpreisträger Robert Koch 1882 hatte sie auch offiziell ihren Namen: Tuberkulose, kurz Tbc. Es war der Bismarck'schen Sozialgesetzgebung zu verdanken, dass in diesen Jahren Dutzende von Lungenheilanstalten im ganzen Land aus dem Boden schossen – vor allem in höher gelegenen Regionen und schönen Waldgebieten mit guter Luft. In den »Mottenbunkern« oder »Hustenburgen« wurden ihre Patienten vor allem mit Antibiotika und mit einer Luftkur therapiert. Dazu lagen sie stundenlang, dick in Decken eingehüllt, auf Terrassen wie in Großhansdorf oder in sonnigen Gärten, Hauptsache an der frischen Luft.

Tuberkulose ist nicht totzukriegen Die Heilanstalt Großhansdorf weckt sofort Gedanken an den »Zauberberg« von Thomas Mann, den er, beeinflusst von einem Kuraufenthalt seiner Frau Katia in einer Reha-Einrichtung in Davos, niederschrieb. In der 1924 veröffentlichten Parodie auf den klassischen Bildungsroman erzählt der Autor die Geschichte seiner Hauptfigur, die während ihres sieben Jahre währenden Aufenthaltes im Sanatorium lauter sehr besondere, aber zugleich weltentrückte Menschen trifft, und sie zur Auseinandersetzung mit Politik, Philosophie, Kunst und auch der Liebe drängen. Tatsächlich war Tuberkulose keine Infektionskrankheit höherer Bildungsstände oder des wohlsituierten Bürgertums. Die Infektion mit dem Tuberkelbazillus trat eher unter elenden Arbeitsbedingungen mit schlechter Ernährung und mangelnden Hygienebedingungen auf oder bei weniger betuchten Menschen in Verbindung mit Mangel- und Unterernährung. Und die Seuche ist bis heute nicht totzukriegen. Rund 1,7 Milliarden Menschen sind nach Angaben der Weltgesundheitsorganisation immer noch an Tbc erkrankt, an ihrem Erreger starben seit Entdeckung weltweit mehr Menschen als an jedem anderen Erreger. Diesen traurigen Rekord teilt sich Tuberkulose demnächst wohl mit dem Corona-virus COVID-19.

Zuhause für Geflüchtete Obwohl oder vielleicht auch weil Sanatorien und Heilstätten Anfang des 20. Jahrhunderts so erfolgreich waren, nahm ihre Zahl hierzulande bald wieder ab. Aus der Heilanstalt für Männer in Großhansdorf wurde eine Klinik für Kinder, aber auch an der sank bald das öffentliche Interesse. Mitte der Siebzigerjahre wurde ein Teil des Gebäudekomplexes rollstuhlgerecht umgebaut, 1983 fanden dort rund 90 Menschen mit Behinderung ein Zuhause. Irgendwann erwiesen sich die Räumlichkeiten für sie allerdings als nicht mehr als zeitgemäß. Das Amt für Flüchtlinge zog zwischenzeitlich aus dem Rathaus dorthin und quartierte eine Handvoll

Die historische Sporthalle sucht nach einem Nutzungskonzept.

Geflüchteter in dem Komplex ein. Seit einigen Jahren nun schon stehen die Gebäude leer.

Grünes Licht für Wohnungen Die denkmalgeschützte Sporthalle gegenüber dem Hauptportal hat schon lange keinen Ball oder Turnbetrieb mehr gesehen. Der Bau aus rotem Backstein ist zugenagelt und verbarrikadiert. Das Dach ist rott, eingedrungenes Wasser hat die Halle zum Teil durchfeuchtet, Pilzbefall wird zum Problem. Die leergeräumte Heilanstalt vis-a-vis windet sich wie ein toter Bandwurm über das 25 Hektar große Wiesen- und Waldgebiet. Vor allem der großzügige Garten im Innenhof, der durch seine Umbauung an einen Burggarten erinnert, lässt ahnen, wie geschützt Tbc-Kranke hier im Sommerlicht Sonne und Luft genießen konnten. Über eine neue Verwendung wird seit Langem debattiert. Die Grünen bestehen darauf, »dass kein Wald vernichtet wird und keine weitere Versiegelung stattfindet«. Nun sollen dort 80 schnieke Wohnungen entstehen, wenn Politik und Baupläne im wahrsten Sinn des Wortes endgültig grünes Licht geben. Über ein realisierbares Nutzungskonzept für die sanierungsbedürftige Sporthalle wird diskutiert. Im »Zauberberg« entwickelt sich Thomas Manns Hauptfigur nicht eben zu einem tüchtigen Mitglied der bürgerlichen Gesellschaft, ihn umgibt am Ende eher eine allumfassende Leere – und da stimmt die Romansymbolik mit dem Zustand der über hundert Jahre alten Heilanstalt dann wieder ein bisschen überein.

Die Sonnenseite der Heilanstalt

Erinnerungen an den »Zauberberg«

25 Tuten und Läuten

Das Überseezentrum

Die Zukunft des weltweit größten Stückgutverteilzentrums währte nicht lange.

Ort Kleiner Grasbrook, Schumacherwerder **GPS** 53.53340292407352, 10.016019425454768 **Anfahrt** Mit der S-Bahn S1 und S31 oder mit den Bussen 119, 130 und 256 bis S Elbbrücken, von da 7 Minuten Fußweg.

Wegbereiter für die Logistik der Zukunft Die Schiffssirenen tuten vor Begeisterung und die Kirchenglocken läuten, als der weltweit größte Verteilerschuppen im Hamburger Hafen eröffnet wird. Das gigantische Projekt macht bundesweit Schlagzeilen, die Lobeshymnen überschlagen sich. Die für 60 Millionen Mark gebaute Anlage gilt als modernster Umsteigebahnhof für Waren aller Art, den die Welt in dieser Form noch nicht gesehen hat: Erstmals wird in großem Ausmaß elektroni-

sche Datenverarbeitung eingesetzt. Die Rede ist nicht vom Logistikzentrum eines amerikanischen Online-Versands oder eines skandinavischen Möbelhauses, sondern vom »Überseezentrum« auf dem Kleinen Grasbrook am östlichen Rand des Freihafens nahe den Elbbrücken. Bei seiner Eröffnung 1967 gilt das einzigartige Projekt der Hafen- und Lagerhausgesellschaft HHLA als größte Stückgutverteilanlage für Exportgüter und modernster Wegbereiter für die Logistik der Zukunft, gesteuert über ein elektronisches Lochkartensystem. Doch der Ruhm verblasst schnell, inzwischen erinnert nichts mehr an diese goldene Zeit, außer vielleicht die Dimension des riesigen Areals.

Parolen auf den Fenstern Viele Jahre rotteten die Bauten und Schuppen auf dem 250 000 Quadratmeter großen Gelände vor sich hin. Die Scheiben des ehemaligen Verwaltungsgebäudes waren verklebt und mit Parolen verziert, zwischen rostigen Bahngleisen wucherte Unkraut und Buschwerk. Dann ging auf einmal alles ganz schnell. Der vorliegende Dark-Tourism-Guide war bereits gedruckt, als im Herbst 2021 auf einmal Abrissbagger und Planierraupen anrückten. Inzwischen schützt das zugenagelte Pförtnerhäuschen nichts mehr als eine sandige Brache. Das einstige Vorzeigeprojekt ist Geschichte. Und was für eine.

Die größte Stückgutverteilanlage rostete lange vor sich hin.

Parolen an den Fenstern des Verwaltungsgebäudes erzählten Geschichten.

Die ganze Welt war hier zuhause In den Anfangsjahren wurden täglich rund 3000 Waren aller Art und Größe als Stückgut aus jedem Winkel Europas in Lastwagen, Güterwaggons oder auf Schiffen im Überseezentrum angeliefert, dort umgepackt, zwischengelagert und für die Verschiffung nach Bestimmungsorten und Häfen sortiert. Die Hallen waren organisiert wie eine kleine Stadt. Es gab Kontinente und Namen, Ladestraßen und Hausnummern. Im Überseezentrum war praktisch die ganze Welt zuhause. Exporte gingen auf alle Kontinente und in jeden Hafen, den man sich denken konnte. Historische Filme und Bilddokumente geben einen Eindruck von der damals wuseligen Betriebsamkeit: Gabelstapler und Elektrokarren

Natur eroberte die Gleisanlagen des Überseezentrums.

Letzte Abrissarbeiten auf dem Gelände des Überseezentrums

kurven durch die Lagergassen und karren Paletten mit Kisten und Säcken auf die Kais, wo Dutzende Hafenarbeiter sie dann mit Kränen auf Schuten hieven. Die Lastenkähne mit den Gütern wurden dann raus in die großen Hafenbecken geschleppt, wo die Frachtschiffe wegen ihres großen Tiefgangs festmachen mussten.

Container verdrängen Stückgut Der Boom mit immer weiter steigenden Erfolgszahlen nahm ein ziemlich jähes Ende, als nach etwa 15 Jahren große Stahlkisten auf den Markt kamen und immer weniger Waren als Stückgut verschifft wurden. Die Container bieten mehr Platz, sind mit weniger Arbeitern zu bewegen und auf große Containerschiffe in größerer Stückzahl zu verladen. Das Überseezentrum musste sich neu erfinden. In den Neunzigern wurde das einstige Verteilzentrum für Ausfuhren noch eine Zeitlang als Lager für Importgüter genutzt, unter anderem von einem großen Hamburger Versandhandel. Eine echte Perspektive erwuchs aber auch daraus nicht. Die Wirtschaftszahlen wurden schlechter, die Verluste immer größer. 2017 kündigte die Hamburger Hafen- und Logistik AG den Mietvertrag. Pläne für eine neue Zukunft des Areals gab es einige. Eine Universität war im Gespräch, später dann das Olympische Dorf – bis Hamburgs Bewerbung für die Olympischen Sommerspiele 2024 in einer Volksabstimmung buchstäblich in der Elbe baden ging. Für Wohnraum sollte das Stammgelände der Hafenwirtschaft zunächst auf keinen Fall zur Verfügung stehen, hieß es anfangs. Dann war wieder alles anders. Jetzt soll auf dem Kleinen Grasbrook die futuristische HafenCity rund um die Elbphilharmonie durch einen neuen Stadtteil auf der anderen Elbseite ihre Fortsetzung finden – quasi als HafenCity 3.0. Von Schwebebrücken und glasüberdachten Flanierboulevards ist die Rede, Kreativwirtschaft soll sich dort ansiedeln und Tausende neue Wohnungen sind geplant. Und wer weiß, wenn die visionären Entwürfe der Stadtentwickler für den Sprung über die Elbe dann irgendwann wahr geworden sind und das Viertel tatsächlich eingeweiht wird, vielleicht tuten dann wieder die Schiffe im Hafen und die Glocken läuten.

Ehemaliges Pförtnerhäuschen zum Eingang ins Nirgendwo

26 Schimmel im Schulkeller

Das Hilfskrankenhaus

Ein unterirdisches Bunker-Hospital sollte Hamburger im Kalten Krieg vor Atombomben und Gasangriffen schützen.

Ort Wedel, Am Redder 8, Johann-Rist-Gymnasium **GPS** 53.58653891097557, 9.701627191762164
Anfahrt Mit den Bussen 289 und 389 ab S-Bahnhaltestelle Wedel bis Pinneberger Straße, von da 5 Minuten Fußweg; für Privatwagen gibt es in unmittelbarer Nähe kaum Parkplätze.

Labyrinth für den Notfall Ein bisschen stolz ist René Grassau schon anzumerken, wenn er durch sein unterirdisches Labyrinth führt: durch lange enge Gänge, vorbei an rohen Betonwänden und schweren Eisentüren. Der IT-Unternehmer ist seit einigen Jahren Pächter von Deutschlands größtem unterirdischen Hilfskrankenhaus, das unter dem Johann-Rist-Gymnasium in Wedel unmittelbar vor den Toren der Elbmetropole liegt. Die Anlage wird gern Bunker-Krankenhaus genannt, aber das trifft es nicht ganz. Denn das Notfallhospital hat nie einen Krieg erlebt. Die Anlage wurde auf dem Höhepunkt des Kalten Krieges gebaut, damit Hamburger im Ernstfall Schutz und medizinische Hilfe bei einem Angriff mit nuklearen, biologischen oder chemischen Waffen hätten finden können. Während der Kuba-Krise mit der

Historisches Foto zum unterirdischen Krankenhaus (links), Zufahrt für Krankentransporte

Treppenzugang (links), Technikraum im Hilfskrankenhaus

Gefahr eines Atomkriegs vor Augen hatte die Bonner Regierung Mitte der Sechzigerjahre den Bau von 94 Hilfskrankenhäusern in allen Bundesländern in Auftrag gegeben, 22 davon waren komplett verbunkert. Die Anlage in Wedel war die größte.

Schutz in 176 Meter langen Gängen Als das Hilfskrankenhaus 1974 mit dem zweiten Bauabschnitt komplett fertiggestellt war, hätte es binnen 48 Stunden unter der Erde 710 Betten zur Verfügung stellen können, dazu in den Klassenräumen des darüber liegenden Gymnasiums weitere 984 Betten. 16 Ärzte hätten hinter 50 Zentimeter starken Wänden und unter einer 35 Zentimeter dicken Betondecke Verletzte vor allem chirurgisch versorgen sollen. Hinter einer wenig spektakulären Zufahrt neben der Schule und einer Betonrampe als Hintereingang, der wie die Einfahrt in ein unterirdisches Warenlager aussieht, verbirgt sich ein Gewirr von bis zu 176 Meter langen Gängen mit 156 Räumen.

Hilfe für Katastrophengebiete Besucher betreten das Labyrinth durch eine Luft- und Druckschleuse und kommen in einen Dekontaminierungsraum, bevor sie sich im eigentlichen Krankentrakt verlieren. Schilder und Zeichen weisen den Weg zur »Entgiftung« oder zu einem »Abwurfschacht«, in dem kontaminierte Kleidung entsorgt werden konnte, vorbei an Technikräumen und Notausgängen. Ein Operationssaal und ein Krankenzimmer sind mit Originalstücken zur besseren Anschauung nachgestellt. Als das Hilfskrankenhaus 1992 aufgegeben und Ende der Neunziger endgültig aufgelöst wurde, waren dort und in einem Lager im Nachbarort medizinische Materialien im Millionenwert gebunkert, darunter Bettgestelle, 2300 Bezüge, 3850 Handtücher, aber auch 120 Schnabeltassen und 6 Säuglingsbadewannen. »Die meisten Krankenhaussachen wurden an Hilfsbedürftige in Osteuropa verschenkt oder als Hilfssendungen in Katastrophengebiete verschickt«, erzählt Oliver Wleklinski, der als Beamter der Stadt und ehrenamtlicher Experte im Verein »Hamburger Unterwelten« die Geschichte bis ins Detail kennt.

Polizeikräfte trainierten Häuserkampf »Wirklich genutzt wurde das Hilfskrankenhaus nie«, sagt er – zumindest nicht im eigentlichen Sinne. 1976 war der Bunker vorübergehend Notunterkunft für Sturmflutopfer aus Finkenwerder, auch Kirchentagsbesucher wurden hier mal einquartiert. Nach dem tödlichen Amoklauf an einem Erfurter Gymnasium 2002 trainierten Einsatzkräfte der Polizei im Bunker den »Häuserkampf in verschachtelten unbekannten Objekten«. 2016 und 2017 stapelten sich in manchen Räumen Kleiderspenden aus der Kleiderkammer in den Hamburger Messehallen, die dann verpackt in 88 riesigen Überseekartons ins kurdische Erbil im Nord-Irak geschickt wurden.

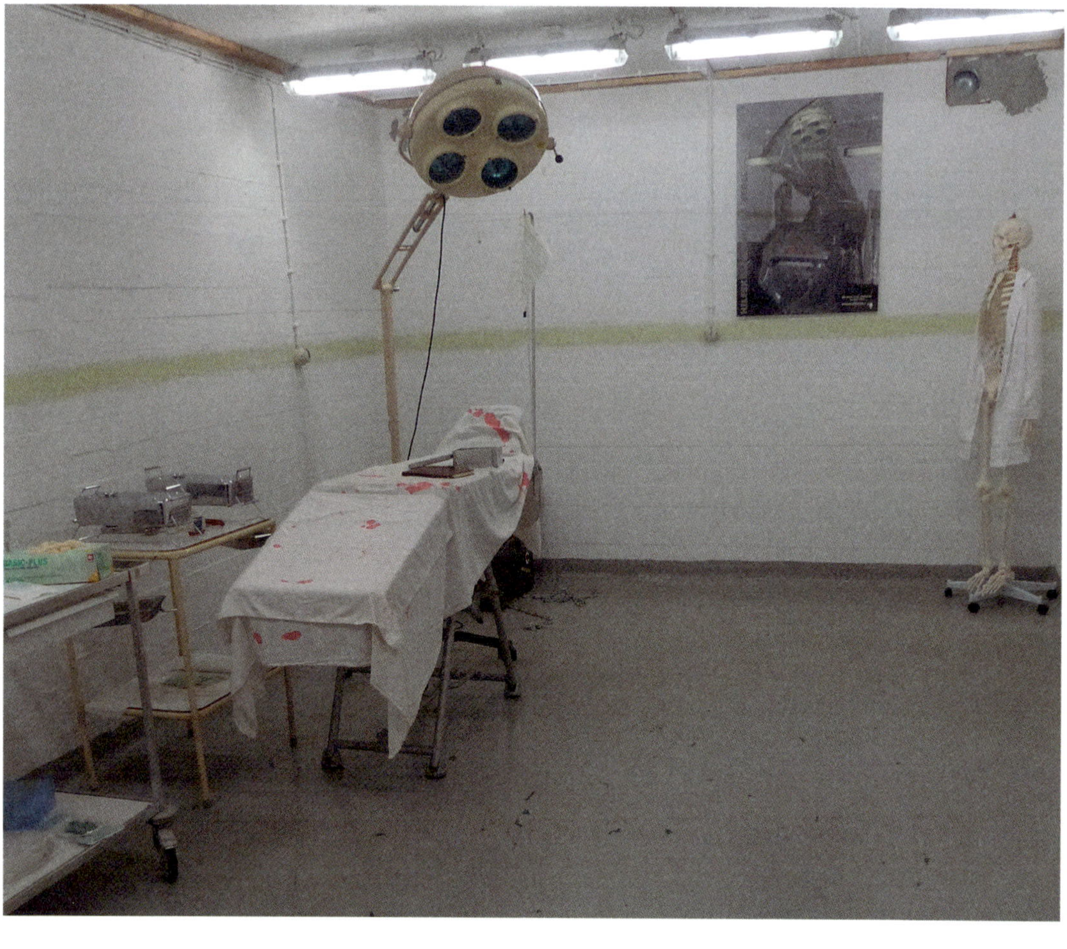

Das Behandlungszimmer ist mit zeitgenössischen Utensilien nachgestellt.

Notausgang des unterirdischen Hilfskrankenhauses

Musiker nutzen die alten Krankenzimmer als Übungsräume.

Übungsräume für Musiker und Bands Als Unternehmer Grassau 2014 anfing, die Anlage zu sanieren, war »alles dunkel, muffig, schimmelig«, erinnert er sich. Rund 800 000 Euro hat er inzwischen investiert, um die Fläche zu entwässern und von Schimmel zu befreien sowie modernen Anforderungen an Brandschutz und Lüftungstechnik zu entsprechen. Rund 5000 Quadratmeter sind inzwischen wieder nutzbar – vor allem als Kultur- und Musikzentrum mit 32 Übungsräumen für rund 250 Musiker und ihre Bands. Aber auch als Büroraum für sein eigenes Unternehmen oder als Lagerstätte, als Ort für angesagte »Escape Spiele« und als eine Art Museum für Geschichtsinteressierte. »Der Bunker ist ein stummer Zeitzeuge einer Epoche, die bei vielen von uns in Vergessenheit geraten ist«, sagt Grassau. Und zu erzählen weiß er viel, wenn zum Beispiel der Verein »Hamburger Unterwelten« zu Führungen einlädt.

27 Schlacke und Sand

Der Ringlokschuppen

Abseits der ICE-Strecke geben Überreste des Bahnbetriebswerks Wilhelmsburg Zeugnis vom technischen Fortschritt.

Ort Wilhelmsburg, Vogelhüttendeich **GPS** 53.511837, 10.005737 **Anfahrt** Mit der S-Bahn S3 und S31 bis Wilhelmsburg, von da 30 Minuten Fußweg, oder mit dem Auto über den Vogelhüttendeich bis zum abgesperrten Bahngelände.

Leer stehendes Stellwerk in Wilhelmsburg

Brandstiftung beendet einen Traum Die Geschichte des Bahnbetriebswerks Wilhelmsburg war schon lange vorbei, aber richtig zu Ende ist sie erst seit Sommer 2020. Ein Feuer nach vermutlicher Brandstiftung vernichtete die Überreste des ehemaligen Ringlokschuppens samt Anbauten, die nur noch Obdachlosen als Unterschlupf dienten, und machte gleich noch einen weiteren Traum zunichte. Der Verein »Freunde der Eisenbahn« wollte hier gern ein Museum errichten, aber nach einigen Rückschlägen über die Jahre kam mit dem Feuer nun das Aus. Von 120 Jahre alter Eisenbahnkultur sind vor allem Schutt und Trümmer übriggeblieben, aber die Dimension des einstigen Ringlokschuppens mit der dazugehörigen Drehscheibe ist immer noch zu erahnen.

Über die Drehscheibe in die Garage Nach der Eröffnung des Hamburger Freihafens mit seinen zollrechtlichen Sonderreglungen hatte sich die damals noch Preußische Staatsbahn schnell entschieden, zwischen 1888 und 1890 einen Rangierbahnhof in Wilhelmsburg zu bauen, der die Hafenbahn und ihre Stationen mit den Bahnstrecken ins Ruhrgebiet sowie nach Mittel- und Süddeutschland verbinden sollte. Bis zu 4000 Güterwagen täglich wurden in Wilhelmsburg in den Folgejahren abgefertigt und getrennt nach Import und Export zu Güterzügen zusammengestellt. Zur Instandhaltung der Schienen und der Lokomotiven wurde ein Betriebswerk eingerichtet, in dem die Loks nach ihren Einsätzen gewartet, ausgeschlackt und für die nächsten Fahrten vorbereitet wurden. Kernstück der Anlage war der halbrunde Ringlokschuppen mit einer riesigen Drehscheibe. Die Lokomotiven wurden auf der Scheibe gewendet und auf ihren garagenähnlichen Stellplätzen geparkt. Die Lokschuppen waren beheizbar, denn Dampfloks sollten und durften nicht vollständig abkühlen. Andernfalls hätte das Anheizen vor einer neuen Fahrt zu lange gedauert. An den Gleisen vor der Drehscheibe befanden sich verschiedenartige technische Vorrichtungen, um die Dampflokomotiven nach ihrer Fahrt »abzurüsten«, wie es im Bahnjargon hieß, und sie wieder betriebsklar zu machen.

Rechte Seite: Im Schutt des Bahnbetriebswerks hat der Wassertank überlebt.

Bremssand im Kessel Dazu gehörten unter anderem eine Entschlackungsanlage zum Säubern des Aschkastens und der Rauchkammer, eine Bekohlungsanlage zur

Die Besandungsanlage (links) und der Wassertank erinnern an Bahngeschichte.

Beladung mit frischer Kohle, ein Wasserkran mit Nutzwasser für den Betrieb der Maschinen und ein Besandungsturm, über den die Bremssandvorräte in Behältern auf dem Lokkessel nachgefüllt wurden, um eine bessere Haftreibung zwischen Rad und Schiene zu gewährleisten. Ende der Siebzigerjahre, nach Inbetriebnahme von Europas größtem Rangierbahnhof in Maschen nicht weit weg, verloren die Anlagen des Betriebswerks Wilhelmsburg immer mehr an Bedeutung. Lange standen Teile des Schuppens leer, die Eisenbahnfreunde schafften historische Lokomotiven auf das Gelände und bereiteten die Einrichtung eines ambitionierten Museums für Bahnliebhaber vor – bis ein Feuer 1994 die Schuppen, etliche Loks und Waggons zerstörte. Als Ursache war auch damals schon Brandstiftung schnell ausgemacht, die Hintermänner oder -frauen wurden nie ermittelt. Die Ruinen der Außenmauern samt Torbogen konnten immerhin noch gerettet werden, Pläne für einen Wiederaufbau nahmen nach und nach Formen an.

Ruinen und Rudimente erinnern Der nächste Schock folgte mit der Verlegung der viel befahrenen »Wilhelmsburger Reichsstraße« aus Gründen der Sicherheit und des Lärmschutzes. Die autobahnähnliche Trasse wurde verbreitert und auf das Bahngelände verschwenkt, die Reste des Betriebswerks mussten großenteils Platz machen und wurden abgeräumt. Ruinen und Rudimente erinnern noch immer an den ehemaligen Ringlokschuppen und das Bahngelände. Wer dem »Vogelhüttendeich« unter der neuen Schnellstraße hindurch so lange folgt, bis er schon glaubt, sich verfahren zu haben, und dann einen unscheinbaren Sandweg hinter ein Birkenwäldchen nimmt, landet auf dem einstigen Gelände des Betriebswerks. Eingekeilt zwischen der Schnellstraße und den neu verlegten Gleisen der ICE-Strecke Richtung Hannover ist immer noch der kreisrunde Graben der ehemaligen Drehscheibe zu entdecken, zugewuchert und überwachsen mit Pflanzen und Unkraut, aber nicht zu übersehen. Der frühere Besandungsturm erhebt sich zwischen Birken, als trotze er jeder Vergänglichkeit, ein riesiger Wassertank behauptet sich hinter einem Schuttberg mit verrosteten Gerüstteilen. Die Ruine eines Häuschens am Rande des Areals war nicht nur Objekt der Begierde für zahllose Sprayer. Sie diente ganz offenkundig immer mal wieder jemandem als Unterschlupf. Baumaterialien wie Sand und Steine lagern drum herum und warten auf Abholung, Gleisbohlen und ausgebaute Weichen liegen in der Landschaft.

Stellwerk mit Seilzug Nur wenige Meter entfernt Richtung Thielenbrücke steht direkt an der ICE-Strecke ein ehemaliges Weichenwärter-Stellwerkhäuschen und trotzt der Zeit. Früher gab es keine automatisierte Gleisfreimeldung, die für eine sichere Zugeinfahrt unerlässlich war. Stattdessen war eine »Augenscheinprüfung« erforderlich. Gleisabschnitte waren deshalb in größeren Abständen mit Wärterstellwerken bestückt, in denen mechanisch per Seilzug Weichen, Signale und Gleissperren bedient wurden. Das Stellwerkhäuschen steht inzwischen wie vergessen in der Landschaft, gebraucht wird es nicht mehr. Im Hintergrund rauschen im Viertelstundentakt längst die Hochgeschwindigkeitszüge im Wechsel mit Regionalbahnen, Güterzügen und S-Bahnen vorbei, während das Stellwerkhäuschen stummer Zeuge moderner Mobilität geworden ist und der Anbau zur Ruine verfällt. Nur die große Bahnhofsuhr auf dem Dach des Stellwerks hat offenbar überlebt, sie wurde rechtzeitig abmontiert und in Sicherheit gebracht.

Das Fundament der Drehscheibe vor dem Ringlokschuppen ist unverwüstlich.

28 Wunderliebliche Gegend

Die Grotte

Schon Heinrich Heine war fasziniert vom Geesthang an der Elbe, der bis heute seine Geheimnisse hat.

Ort Altona, Palmaille **GPS** 53.545280950125665, 9.934990811641855 **Anfahrt** Diverse S-Bahnen bis Bahnhof Altona, 8 Minuten Fußweg; oder mit den Bussen 2, 111, 112 und 113 bis Rathaus Altona, direkt am Altonaer Balkon.

Huren, aber keine Musen Es hat offenbar seine Zeit gedauert, bis Heinrich Heine vor über 200 Jahren Gefallen an Hamburg fand. 1816 kam er, noch keine 20 Jahre alt, zu seinem wohlhabenden Onkel Salomon Heine an die Elbe, um sich nach einem Bankvolontariat in Frankfurt im Bankhaus des Onkels weiterzuentwickeln. Es war die Zeit, als Heine anfing, intensiver zu schreiben und zu dichten. Und die Zeitschrift »Hamburgs Wächter« zum ersten Mal Gedichte von ihm veröffentlichte. Heine wohnte im Anwesen seines Onkels im Gartenhaus auf dem Elbhang mit Blick auf den Strom, fühlte sich aber dort trotz der traumhaften Aussicht offensichtlich wenig

Grotte mit Elbblick

wohl. In Briefen klagte er über das »verluderte Kaufmannsnest«, als das er Hamburg wahrnahm. »Huren genug, aber keine Musen«, bedauerte er. Es dauerte 17 Jahre, bis der große deutsche Dichter und Schriftsteller seine zwischenzeitlich geläuterte Meinung über die Hafenstadt in den »Memoiren des Herrn Schnabelewopski« zu Papier brachte. Und die hörte sich ganz anders an. »Die Ufergegenden der Elbe sind wunderlieblich. Besonders hinter Altona, bei Rainville. Unfern liegt Klopstock begraben. Ich kenne keine Gegend, wo ein toter Dichter so gut begraben liegen kann wie dort.«

Gärten mit Aussicht Die Gegend, die es ihm so angetan hatte, ist der knapp 30 Meter hohe Geesthang über der Elbe, an der sich damals wie heute Park an Park reiht und wo er im Garten seines Onkels vorübergehend zuhause war, dem heutigen Heinepark. An seinem östlichen Rand hin zum Altonaer Rathaus lagen die Gärten von Rainville. Der Namensgeber betrieb dort ein renommiertes Restaurant für Hamburgs wohlhabende Kaufmannschaft und für Diplomaten, die Grünanlagen des

Das Heine-Haus auf dem Elbhang

Stuhlmann-Springbrunnen nahe der Grotte

Der Altonaer Balkon reizt mit seiner Aussicht.

Wirtshauses mit der Aussicht waren hochgelobt und beliebt. Franz Liszt, der Komponist, Pianist und Dirigent, gab dort 1842 für die Opfer des Hamburger Großen Brandes ein Gala-Benefizkonzert. Nur wenige Meter nebenan gingen die Gärten von Rainville über in den »Altonaer Balkon«, der bis heute für Hochzeiten im gegenüberliegenden Altonaer Rathaus und zum Schiffe gucken mit Sicht fast über den ganzen Hafen bis zur Köhlbrandbrücke hoch geschätzt wird. Direkt im »wunderlieblichen« Hang liegt einer der mysteriösesten Plätze der Stadt: die Grotte am Altonaer Balkon, die gerne auch »Störtebekerhöhle« nach dem berüchtigten Kaperfahrer und »Likedeeler« genannt wird, der Ende des 14. Jahrhunderts angeblich die Meere unsicher machte. Einige Meter runter am Westende des Balkons in Richtung von Heines Heimat liegt die Grotte etwas versteckt. Sie wurde 1902 künstlich von Hand aus Kalkstein geschaffen, im Eingangsbereich mit Travertin verkleidet und ist nur wenige Meter tief. Die 2004 sanierte Höhle hat nichts mit Störtebeker zu tun oder mit anderen geheimnisvollen Gesellen. Sie wurde aus ganz irdischen Überlegungen angelegt.

Wasserfall und Schmuseplatz Als Altonas Stadtobere zwischen Rathaus und Bahnhof auf dem damaligen Kaiserplatz das Vermächtnis des Gründers und Direktors der Altonaer Gas- und Wasseranstalt erfüllten und Günther Ludwig Stuhlmann zu Ehren einen protzigen Springbrunnen bauten, waren sie geizig. Der enorme Wasserverbrauch dieses Brunnens sowie von zwei anderen machte ihnen Kummer, denn es

Aufgang von der Grotte zum Altonaer Balkon

gab keinen Wasserkreislauf und das Brunnenwasser floss auf direktem Weg in die Kanalisation und in die Elbe. Um zumindest etwas mit dem Brauchwasser anzufangen, legten sie Leitungen zum Altonaer Balkon und ließen das Wasser dort, in der eigens gebauten Grotte, als künstlichen Wasserfall zur Attraktion für Besucher werden. Die Höhle am Hang war nach Archivaufzeichnungen Jahrzehnte lang als Schmuseplatz für Liebespaare sehr beliebt, später wucherte sie mehr und mehr zu.

Hastig eilt die Sonne Inzwischen ist die Grotte durch schwere Eisengitter geschützt. Dass unbekannte Künstler die Höhle schon mal für »wilde« Kunstinstallationen nutzten, mochten die Verantwortlichen der Stadt noch hinnehmen. Seit sie immer mehr zum Quartier für Obdachlose wurde, mit allen Begleiterscheinungen, ist der Zugang durch Gitter versperrt, und sie ist nicht mehr zu betreten. Der Blick aus der Grotte runter zum Hafen muss herrlich gewesen sein und an Heines Beschreibungen der Sonne über dem Strom erinnert haben: »Und hastig eilt sie über das Wasser, eilt in die Mündung der Elbe, stromaufwärts, die Elbe entlang, und sputet sich eifrig und kommt noch zeitig, nach Onkels Villa in Ottensen.« Aber wer heute in die Grotte mit ihren bizarren Steinformationen hineinschaut, bekommt schnell einen Eindruck, dass die Schutzmaßnahmen womöglich alternativlos waren. Leere Bierflaschen, Papiermüll und Klopapier liegen verstreut auf dem mit Laub bedeckten Boden. Wenn Heinrich Heine das sehen könnte, würde er sich wohl unweigerlich an seine frühen Eindrücke von Hamburg erinnert fühlen. Verludert, aber schaurig schön.

29 Robert und Louis

Das Bergwerk

In den Harburger Bergen wurde Braunkohle abgebaut, die Rohstoffknappheit machte es nötig.

Ort Harburg, Ehestorfer Heuweg/Beim Bergwerk **GPS** 53.45649840464452, 9.895081838362284
Anfahrt Mit dem Bus 340 ab Bahnhof Harburg oder S-Bahn Neuwiedenthal (S3/S31) bis Rudolf-Steiner-Schule Harburg/Busbahnhof, von da 10 Minuten Fußweg; oder mit dem eigenen Auto, Parkplätze gibt es am Waldrand.

Beim Brunnenbau auf Kohle gestoßen Ein Bergwerk in der plattdeutschen Tiefebene? Eiszeitliche Braunkohlevorkommen in den gerade mal bis zu 155 Meter hohen »Harburger Bergen« machten es vor hundert Jahren möglich. Der bewaldete Höhenzug an Hamburgs südlicher Landesgrenze zu Niedersachsen ist ein überschaubares Stück Natur, das heute als beliebtes Ausflugsziel dient – im Winter lädt die Hügellandschaft zum Rodeln ein, im Sommer sind hier Abenteuer suchende Mountainbiker unterwegs. All das kümmerte die Witwe eines Fuhrunternehmers 1915 noch herzlich wenig, als sie auf ihrem Wochenendgrundstück einen Trinkwasserbrunnen bohren ließ und statt auf kostbares Nass auf Braunkohle stieß. Als kluge Geschäftsfrau ließ sie sich die Schürfrechte für zusammen 423 Hektar Grubenfelder sicherheitshalber beim Bergamt Celle eintragen, man konnte schließlich nie wissen. Zwei Jahre später verkaufte sie die Rechte an eine Dortmunder Bergbaufirma. Und tatsächlich wurden nach dem Ersten Weltkrieg die Rohstoffvorkommen knapp. Das Saarland und das Ruhrgebiet waren von den Siegermächten besetzt, Kohle war von dort nicht mehr zu beziehen, und deutsche Fabriken hatten Probleme, ihre Produktion wieder an- oder hochzufahren. Die notleidenden Vereinigten Gummiwaren Fabriken Harburg-Wien, später Phoenix AG, bekamen Wind von den Vorkommen im Nachbarstadtteil Hausbruch und pochten auf einen Exklusiv-Liefervertrag, andernfalls drohten sie mit Enteignung.

Eine alte Lore erinnert an das Bergwerk.

Zu viel Sand im Getriebe Am 6. Dezember 1919 begann die eigens gegründete Bergbaugesellschaft Robertshall mit dem Kohleabbau auf zwei 13 und 17 Meter untertage liegenden Flözen – Robert und Louis genannt. Die Bergleute wurden aus dem Oberharz angeworben und mit besonders guter Bezahlung gelockt. Im Bergbau damals völlig unüblich erhielten sie einen Festlohn pro geförderter Lore, unabhängig vom Kohleanteil oder Sandgehalt der

Ruine der alten Kohlewaschanlage

Fördermasse. Zusätzlich wurden Hilfskräfte und Lehrhauer in Hamburg angeheuert. Auf dem Höhepunkt des Bergbaus wühlten sich bis zu 120 Bergleute in drei Schichten in die Harburger Berge. Die Wirtschaftlichkeit des Betriebs hielt sich trotzdem in überschaubaren Grenzen. Der Sandanteil an der geförderten Kohle war mit 45 Prozent, nach manchen Quellen bis zu 60 Prozent, sehr hoch und musste in einer Kohlewaschanlage aufwendig ausgewaschen werden. Und die anfangs vereinbarte Menge Heizmaterial von rund 100 Tonnen am Tag war nicht zu schaffen. Außerdem konnte ein mächtiger Flöz in 35 Metern Tiefe nicht erschlossen werden, weil Wassereinbruch mit Pumpen nicht zu stoppen war. Noch dazu beschwerte sich die Nachbargemeinde Jork, dass Grubenwasser und Abwässer dort die Brunnen stark verschmutzten und keine Entnahme von Trinkwasser mehr möglich war. Als im Sommer 1922 wieder günstigere und ertragreichere Steinkohlevorkommen zur Förderung verfügbar waren, rechnete sich der Braunkohleabbau in Hamburg trotz seiner hohen Investitionen endgültig nicht mehr. Am 22. September 1922 stellte das Bergwerk Robertshall seinen Betrieb ein. Noch einmal, als nach dem Zweiten Weltkrieg die Rohstoffe wiederum knapp waren, sollte der Abbau angefahren werden. Die Wiederaufnahme des Bergwerkbetriebs ab 1947 war vom Bergamt bereits genehmigt, unterblieb aus wirtschaftlichen Erwägungen am Ende doch.

Bergwerksruine mit Firmen-Schriftzug

Schummel beim Verfüllen der Stollen Nach Schließung des Bergwerks hatte sich der Dortmunder Unternehmer verpflichten müssen, die Hohlräume sämtlicher Bergwerkstollen zu verfüllen, um das Risiko von Einstürzen zu vermeiden. In

Rekordzeit von nur 20 Tagen meldet die Firma Vollzug – ein Täuschungsmanöver. Als Jahre später an vielen Stellen der Waldboden wegsackte und sich tiefe Krater bildeten, erwies sich die Behauptung als Schummelaktion. Anstatt wie vereinbart rund 20 Kilometer Stollen zu verfüllen, was wohl ein mittelgroßes Vermögen gekostet hätte, hatte der ehemalige Betreiber nur die Straßenunterquerungen aufgefüllt und die sechs Zugangsschächte zugeschüttet. Mit den Folgen haben Stadt- und Verkehrsplaner bis heute zu tun. Noch immer laufen aufwendige Untersuchungen, ob es unter einzelnen Straßen über ehemaligen Stollen womöglich Hohlräume gibt oder Sandverfüllungen zusammengesackt sind und dadurch Einsturzgefahr droht.

Ein Erinnerungspfad folgt der Geschichte Spuren des Bergwerks sind entlang des Ehestorfer Heuwegs zu finden. An der Einmündung »Beim Bergwerk« steht die Ruine der ehemaligen Kohlewaschanlage zwischen Bäumen, Teile des Firmenlogos sind noch immer gut zu lesen. Auf der anderen Straßenseite am Berghang sind Mauer- und Fundamentrest eines Einstiegschachts zu entdecken, dazu etliche tiefe Einsturztrichter im Waldboden. Ein Museumsverein hat einen Bergbau-Erinnerungspfad angelegt, der bei einer Lore als Denkmal beginnt und die Strecke des ehemaligen Braunkohleabbaus entlangführt und auf Schautafeln die Geschichte des Harburger Bergbaus erzählt.

Einsturztrichter, verursacht durch den Braunkohleabbau

30 Kämme als Meisterkunst

Die Gummiwarenfabrik

Rechte Seite: Entkernte Produktionsräume

Ein monumentaler Industriebetrieb hat die Stadtlandschaft am Harburger Binnenhafen verändert und könnte dies noch einmal tun.

Ort Harburg, Neuländer Straße/Ecke Nartenstraße **GPS** 53.46585645993587, 9.990884693858833
Anfahrt Mit den Buslinien 142 von Bahnhof Harburg (S3 und S31) bis Nartenstraße oder 154 von Bahnhof Wilhelmsburg (S3 und S31) bis Neuländer Straße. Parkplätze für Privatwagen gibt es entlang der Straße.

Straßenfront der Gummiwarenfabrik

Aus Naturkautschuk erwächst eine Geschäftsidee Sein Name liest sich wie aus einem schlechten Horrorfilm: »Hercules Sägemann« setzt schnell Assoziationen mit einer Hauptfigur in einem billigen Blockbuster frei, oder einer drittklassigen Trash-Produktion im Filmbusiness. Tatsächlich steht er für ein Qualitätsmerkmal: Der »Sägemann« ist ein Kamm und gilt als Meisterstück für die Friseurkunst. Sein Hersteller, die »New-York Hamburger Gummi-Waaren Compagnie«, bezeichnet ihn gern als einen der meistgebrauchten Gegenstände in Friseursalons. Seit 1871 nennt das Unternehmen den Kamm und einige Haarbürsten als herausragende Erzeugnisse ihrer Produktion – handgemacht aus 100 Prozent vulkanisiertem Naturkautschuk, gesägt, geschliffen und poliert, mit goldenem Schriftzug als Markenzeichen. Und tatsächlich hat sich das Meisterstück gegen alle Billigerzeugnisse zum Beispiel aus asiatischer Produktion bislang offenbar erfolgreich behauptet. Als die Gründer des Unternehmens vor über 150 Jahren die Erfindung von hochwertigem Hartgummi zur Grundlage ihrer Geschäftsidee machten und sich in Harburg südlich der Elbe niederließen, war so ein Erfolg kaum absehbar. Aber das Unternehmen ex-pandierte schnell und seine Warenpalette auch. Hochwertige Mundstücke für Musikinstrumente kamen bald dazu und später auch Zulieferungen für die Automobil- und Luftfahrtindustrie.

Stadtplanung am Wasser Einen Steinwurf entfernt vom Harburger Binnenhafen zeugt ein riesenhafter roter Backsteinkomplex von der Bedeutung des traditionsreichen Unternehmens. Bis 2009 produzierte die Gummiwaren-Fabrik hier, dann verlagerte sie die

SKAR

Alte Backsteinbauten auf dem Fabrikgelände

Die Fabrikhallen widerstehen Wind und Wetter.

Fertigung ins nicht weit entfernte Lüneburg. Und ein weiteres Mal könnte das Areal nun einer der Ausgangspunkte für eine nachhaltige Veränderung des Stadtbilds werden. Seit etlichen Jahren ist die Nachbarschaft der Fabrik Keimzelle für eine neue Stadtplanung am Wasser mit attraktiven Wohnquartieren und hochwertiger Gewerbeansiedlung auch der Kreativwirtschaft.

Von der Kleinstadt zur Arbeitermetropole Schon Ende des 19. Jahrhunderts war die Entdeckung des damals revolutionären Werkstoffs Gummi und deren industrielle Vermarktung in zwei großen Fabriken in Harburg Ursprung für einen nachhaltigen Strukturwandel. Aus der ländlichen Kleinstadt mit rund 6000 Einwohnern wurde eine Industrie-, Hafen- und Arbeitermetropole südlich der Elbe mit 60 000 Einwohnern Anfang des 20. Jahrhunderts. Unter anderem entstand zwischen 1866 und 1912 auf über 11 000 Quadratmetern die Backsteinfabrik mit mehreren Gebäuden, die inzwischen als wichtiges und stadtbildprägendes Industriedenkmal von »herausragender Bedeutung« eingestuft ist. Außer der Fassade entlang des Straßenzugs ist davon wenig übriggeblieben. Wenn Neugierige auf das Gelände gelangen, werden sie schnell mit den üblichen Zeugnissen konfrontiert, die auch von anderen vergessenen Plätzen bekannt sind, wenn sie den rohen Kräften der Moderne überlassen wurden. Zerstörungen und Brandstellen, Verwüstungen und

Treppenhaus ins Nichts

Schmierereien, eine vorsätzliche »Lust« am Verfall haben sich seit Schließung des Werks in den brach liegenden Fabrikgebäuden bahngebrochen.

Zugang zum Fabrikgebäude

Abreißen kommt nicht infrage Die Bausubstanz hat gelitten und macht die Immobilie nicht eben attraktiver. Investoren und Fonds geben sich seit Jahren als Besitzer die Klinke in die Hand. Von einem »Zukunftsquartier« ist die Rede und modernem wie nachhaltigem Leben, Wohnen und Arbeiten – ganz so wie es der amtlichen Stadtplanung am Hamburger Binnenhafen gefallen würde. Wohnräume für Studierende, ein Parkhaus, Freizeiteinrichtungen – alles ist denkbar, nichts geht erkennbar voran. Nur die Absender der Visionen wechseln stetig. In der Praxis ist eine hohe Belastung mit krebserregendem Nitrosamin aus der Gummiproduktion für die »Umnutzung« der Fabrikgebäude, wie sie der Hamburger Kultur- und Denkmalbehörde vorschwebt, mit hohen Herausforderungen verbunden. Einfach nur Abreißen kommt nicht infrage und setzt jeder üblichen Immobilienspekulation schnell Grenzen. Kultursenator Carsten Brosda glaubt an das Areal: »Die Verbindung von Alt und Neu kann auch für andere Orte in Hamburg beispielgebend sein«, glaubt er. Das war im Frühjahr 2017. Das Beispiel lässt auf sich warten, nur der Verfall schreitet seitdem ungebremst voran.

Zerstörungen an den Backsteingebäuden

31 Frische Luft

Das Kinderheim Birkenhöhe

Als Landverschickung für die Kleinen aus benachteiligten Familien noch nicht vom Nationalsozialismus missbraucht war.

Ort Rosengarten-Ehestorf, Birkenhöhe 4 **GPS** 53.44832649770392, 9.909352738362056 **Anfahrt** Am besten mit dem eigenen Auto über Emmetal und Am Hampfberg; alternativ mit dem Bus 4210 vom S-Bahnhof Harburg Rathaus (S3, S31) bis Museum Kiekeberg, Fußweg von da rund 20 Minuten.

Eingang zum Kinderheim

Wie ein Skelett mit dunklen Augenhöhlen Die letzten Wohnhäuser liegen bereits ein gutes Stück zurück. Es geht vorbei an Knicks und Feldern, einer Pferdekoppel mit einigen verträumten Gäulen, einen leichten Hügel hinab zum dichten Waldrand. Dort, wo sich gemeinhin Fuchs und Hase gute Nacht sagen, erhebt sich auf einmal ein wuchtiger roter Backsteinbau zwischen den Bäumen und reckt sich zum Licht. Er hat schon bessere Tage gesehen und die müssen erkennbar lange zurück liegen. Die Fensterscheiben des dreigeschossigen Hauptgebäudes sind zerschlagen, die Holzrahmen zum Teil herausgebrochen, Mauern eingerissen. Aus dunklen Fensterlöchern starrt die Immobilie Besuchern entgegen wie ein Skelett aus dunklen Augenhöhlen. Mauern sind beschmiert und mit sinnlosen Sprüchen besprüht, Wände herausgebrochen, Treppenhaus und Zimmer mit Schutt und Geröll übersät. Das, was früher mal Badezimmer und Toiletten gewesen sind, hat dem Vandalismus der Jahre überraschenderweise noch ganz gut standgehalten, dafür klaffen Löcher in den Fußböden. Es sieht nicht gut aus im Rumpf des ehemaligen Hamburger Kinderheims Birkenhöhe am Rande eines Landschaftsschutzgebiets in Ehestorf ziemlich genau auf der Landesgrenze nach Niedersachen. Irgendwann mal, als die Finanzbehörde der Hansestadt die Immobilie zum Kauf angeboten hat, war sie in »landschaftlich bevorzugter Lage« annonciert worden. Das war glatt untertrieben. »Idyllisch« wäre angemessener gewesen oder »naturnah«. Aber das war einmal.

Platz für ein segensreiches Unternehmen Das Kinderheim wurde 1913 auf ein 7500 Quadratmeter großes Grundstück gestellt. Es war jene Zeit, als die Bewegung »Landaufenthalt für Stadtkinder« immer größeren Zulauf bekam. Ziel war es, bedürftigen und gesundheitlich gefährdeten Kindern und Jugendlichen eine sechs- bis achtwöchige Kur »in frischer Luft« zu ermöglichen. Die Kleinen wurden in den Wald »verschickt«, oft nach Pommern, Süddeutschland oder auch in die Niederlande. Die Bewegung wurde als »segensreiches Unternehmen« gepriesen, so nannte es zum Beispiel die »Bergische Arbeiterstimme« Anfang 1918. Fünf Jahre später waren es bereits knapp 500 000 Kinder, die, koordiniert von einer »Reichszentrale Landaufenthalte für Kinder«, zu mehrwöchigen Erholungsaufenthalten »verschickt« wurden. In den Dreißigern wurde die Idee mehr und mehr durch Hitlers »Nationalsozialistische Volkswohlfahrt« (NSV) im Sinne ihrer völkischen Ideologie missbraucht. Ab 1934 wurden mit der »Kinderlandverschickung« Jahr für Jahr rund 650 000 Kinder unter 14 Jahren vor allem aus dem Ruhrpott und dem Saarland zum Beispiel nach Unterfranken gekarrt. Über die Rolle des Hamburger Kinderheims in diesen Jahren sind keine Details zugänglich.

Spuren der Zerstörung

Wüste Partys von Horrorfans Letzter Nutzer des Heimes Birkenhöhe war ab Anfang der Fünfzigerjahre die Rudolf-Ballin-Stiftung, die damals etliche Kureinrichtungen für gesundheitsgefährdete, kranke oder behinderte Kinder unterhielt. Aus der Stiftung wurde der »Verein für Kinder- und Jugendgenesungsfürsorge«, aus der Birkenhöhe eine Einrichtung für therapeutische Langzeitkuren, zuletzt offenbar mit 36 Plätzen für noch nicht schulpflichtige Kinder. Als die Stadt als Kostenträger aus finanziellen Gründen eine drastische Reduzierung der Plätze forderte, machte die

Nur Sprayer fühlen sich hier noch zuhause.

Das Badezimmer lädt niemanden mehr ein.

Hort der Kinderlandverschickung im Grünen

neue Führung des umbenannten Vereins das Heim zum 1. Januar 1999 dicht. 2003 verkaufte die Stadt ihr Schmuckstück, gut getan hat's der Immobilie nicht. Seit gut 20 Jahren ist das Heim am Waldrand dem Verfall preisgegeben. Horrorfans feierten dort schaurig schräge und erkennbar wüste Partys, Jugendliche zerstörten unter Alkoholeinfluss, was nicht niet- und nagelfest war. »Horror Kid« steht an einer Wand, »Keiner mag Hunde« über einer Tür – ob es wohl metaphorisch gemeint ist, bleibt offen.

Wohnen verboten Vorschläge für eine neue Nutzung hat es immer wieder gegeben, wie bei so vielen Lost Places – an Ideen mangelt es fast nie. Die Ortsvorsteher wünschen sich eine »soziale Nutzung, die der Gemeinde zugutekommt«. Nur was das sein soll und wie sich das zugleich für die Betreiber auch noch wirtschaftlich rechnet, darüber war bislang keine Einigung mit unterschiedlichen Besitzern zu erzielen. Seniorenwohnungen oder eine Residenz für Alte waren mal angedacht – kein Bedarf. Neue Wohnungen kommen trotz oder wegen der Naturlage nicht infrage: Wohnen verboten. Inzwischen ist die kleine Zufahrtsstraße gesperrt, für die Immobilie interessieren sich vor allem Abenteuerlustige. Über die natürliche Stille freuen sich nur noch die Pferde auf der Koppel.

32 Kronprinz mit Kapuze

Das Dampfboot-Wartezimmer

In den Kasematten der Lombardsbrücke konnten Fahrgäste auf die Abfahrt der Alster-Fähren warten.

Ort City, Binnenalster **GPS** 53.55697032417862, 9.997300727299706 **Anfahrt** Mit U-Bahn (U1, U2, U4) oder S-Bahn (S1, S2, S3) bis Jungfernstieg, 12 Minuten Fußweg zur Lombardsbrücke auf der gegenüberliegenden Seite der Binnenalster; oder mit Bussen 3 und 112 bis Kunsthalle, 3 Minuten Fußweg. Keine Parkplätze.

Sanierte Säule im Wartezimmer

Rechte Seite: Schutzort für die Fahrgäste der Alsterdampfer

Einstieg in die Kanalisation Seine Hoheit Friedrich III. muss Hamburg gemocht haben und die Hamburger ihn auch. Anders ist kaum zu erklären, dass der spätere Monarch schon als Kronprinz an die Elbe kam und sich dort nicht nur für die Kunsthalle, die Börse und die Elbschifffahrt interessierte, sondern auch für moderne Kanalisation. Als sich Kronprinz Friedrich am 21. April 1877 auf Einladung der Hamburger Ruderclubs »Germania« und »Loreley« zu einer »Ruderfahrt« über die Außen- und die Binnenalster aufmachte, jubelten ihm Tausende an den Ufern mit Hurrarufen zu, so berichtete »Die Gartenlaube«, ein Massenblatt der Zeit und Vorläufer der Boulevard-Illustrierten, in noch etwas altertümlichem Deutsch. Begleitet von »zahllosen Clubböten, Dampfschiffen und Segelfahrzeugen« machte er sich auf den Weg zur Lombardsbrücke, wo er eine »unterirdische Fahrt« begann, so die Gartenlaube, »wie derselbe sie wohl noch nie gemacht hat«. Im Dampfboot-Wartezimmer an der Brücke verließ er samt Gefolgschaft die Ruderboote, zog einen leichten grauen Mantel an und zog eine Kapuze über den Kopf, weil er »seine Mütze nicht ablegen« wollte. Dann begab er sich dort unter die Erde beziehungsweise Alster in die sogenannte Spülkammer. Auf einer »wildaufschäumenden Spülwelle« ließ er sich in einem kleinen flachen Boot rund 3 Kilometer durch die Hamburger Siele, die damals europaweit als supermodern galten, bis zur Elbe spülen wie eine Art Surfer. Nur seine Gemahlin hatte aufgrund der zu erwartenden Gerüche lieber verzichtet. Dabei hätten die, so wurde überliefert, seine »Nase kaum beleidigt«.

Fahrgäste warten in Kasematten Dem erlauchten Besuch verdankt eine Hamburgensie ihre historische Prominenz, die mit Kaiser oder Kronprinz eigentlich gar nichts zu tun hatte. Als zunächst ein Schraubendampfer und später dann Dampfschiffe eine Art Linienverkehr vom Jungfernstieg am Rathaus über die Binnenalster bis zu den Ufern der Außenalster aufnahmen, wurden 1868 an der frisch fertiggestellten Lombardsbrücke zwei Haltepunkte in den Brückensockeln für die Dampfbootlinien

Dampfboot-Wartezimmer

eingerichtet – jeweils getrennt nach Fahrtrichtung. Hier konnten die Fahrgäste geschützt vor dem Hamburger Wetter auf die Ankunft der Schiffe warten. Genutzt wurden die Stationen allerdings nur bis 1881, dann wurden sie von eigens errichteten Wartehäuschen auf neuen Anlegestegen abgelöst. Danach gerieten die Kasematten im Brückenfundament in Vergessenheit, aus dem kaiserlichen Relikt wurde ein Lost Place. Es gab keine belastbaren Pläne für eine öffentliche Nutzung, entweder aus mangelndem Interesse oder wegen fehlenden Geldes, das ist nicht überliefert. Alsterschifffahrt gibt es noch immer, aber schon zu Beginn des Zweiten Weltkriegs wurden die Anleger an der Brücke völlig stillgelegt.

Wartezimmer im Sockel der Lombardsbrücke

Wasserschäden im Mauerwerk Die Lombardsbrücke, die den historischen Verlauf der früheren Stadtbefestigung markiert, ist als vielbefahrene Straßen- und Eisenbahnbrücke ein Nadelöhr auf dem direktesten Weg von der östlichen Alsterseite auf die westliche oder vom Hauptbahnhof nach Altona und in die Elbquartiere. Bei überfälligen Sanierungsarbeiten der Fahrbahn wurden jüngst auch schwere Schäden in den beiden Dampfboot-Wartezimmern festgestellt, in denen sich noch immer Ein- und Ausstiegsschächte in das unterirdische Siel befinden. Im Mauerwerk an Wänden und Decken hatten sich starke Durchfeuchtungen gebildet, es gab verbreitete Schimmelbildung und großflächige Abplatzungen. Die Dampfboot-Wartezimmer liegen in fünfeckigen Bastionsvorbauten der Brücke praktisch auf Höhe der Wasserlinie, das Wasser hatte sich über die Jahre offenbar mehr und mehr durchs Mauerwerk gedrückt.

Linke Seite: Restaurierte Kasematte von innen

Kaffee am Wasser Seit vielen Monaten schon wird die Lombardsbrücke restauriert und nicht nur fahrtüchtig gemacht. Der Sandstein wird abgestrahlt, die Kasematten werden trockengelegt, die beiden halbkreisförmigen Dampfboot-Wartezimmer mit zwei hochangesetzten runden Fenstern und zwei rechteckigen im Sichtbereich rausgeputzt. Es braucht nicht viel Fantasie, um sich hier, am Ufer der Binnenalster, mit Blick auf Rathaus, Jungfernstieg und die edlen Shopping-Boulevards gegenüber, eines Tages mit einem Kaffee auf einer Terrasse am Wasser sitzend zu sehen. Und abseits vom Innenstadttrubel in Ruhe die Geschichte von Friedrich III. und seinem besonderen Verhältnis zu Hamburg nachzublättern.

Platz mit Aussicht an der Binnenalster

33 Wut im Bauch

Die »Soul Kitchen«

Der Drehort für Fatih Akins Kultfilm rottet vor sich hin, Rettung nicht in Sicht.

Ort Wilhelmsburg, Industriestraße 101 **GPS** 53.51235551748073, 9.983938510788 **Anfahrt** Mit den Bussen 13, 156 bis Krankenhaus Groß-Sand, von da etwa 10–12 Minuten Fußweg, oder mit den Linien 151, 152, 252 bis Neuhöfer Straße (Mitte), ebenfalls rund 10 Minuten zu Fuß. Vom S-Bahnhof Wilhelmsburg (S3, S31) sind es 25 Minuten Fußmarsch. Parkplätze in der Industriestraße.

Hacksteaks mit Industriecharme Ein junger Kneipenwirt mit griechischen Wurzeln steht in einem trostlosen Industriegebiet auf der Elbinsel Wilhelmsburg vor einer öden Fabrikhalle und breitet die Arme aus. »Das ist hier kein Feinschmeckertempel, das ist, was es ist«, sagt er zu einem Koch, der bei ihm anfangen will und immer wieder skeptische Blicke ins Innere wirft. Das, was es ist und was er da sieht, ist eine heruntergekommene Werkshalle mit rustikalem Industriecharme: Metallrahmen in den Fenstern, raue Betonwände und unverputztes Mauerwerk, Eisenträger mitten im Raum und zusammengesuchte Sperrmüllmöbel. Die Küchenkarte passt zum

Nur die Seitenfront lässt den Drehort erahnen.

Ambiente: Frikadellen, Hacksteak Hawaii, Pommes mit Sahnesoße. Wer's mag. »Soul Kitchen« nennt der Wirt sein Gasthaus, Soul für die Seele, Kitchen für den Magen. Zusammen: Essen für die Seele. Schnitt. Neue Szene.

Fatih Akins Hommage an seine Heimatstadt Es ist der gleichnamige Film von Fatih Akin von 2009 mit Moritz Bleibtreu, Adam Bousdoukos und Wotan Wilke Möhring in den Hauptrollen, der die ehemalige Fabrikhalle deutschlandweit bekannt gemacht hat. Der Hauptdrehort von Fatih Akins Hommagé an seine Heimatstadt Hamburg war ein grober, in die Jahre gekommener Bau am Rande des Veringkanals in Wilhelmsburg. Der steht da noch immer. Aber selbst vom rohen Industriecharme ist nur noch wenig übriggeblieben. Der Schriftzug »Soul Kitchen«, der jahrelang die Kanalseite geziert hat, ist durch ein sinnfreies Graffito übersprüht, die Halle ist wegen Einsturzgefahr verrammelt, der Notausgang zugemauert. Nur ein künstlerischer Schriftzug erinnert noch an bessere Tage und den vergeblichen Überlebenskampf: »Wut ... IM HERZ, IM BAUCH, IM JULI«.

Protest an der Hauswand

An der Kanalseite erinnert nichts mehr an den Film.

Der baufällige Eingang zur Werkshalle

Zinnwerk am Kanal Die Halle steht mit dem Rücken am 1,6 Kilometer langen Veringkanal, der 1894 von einem Bauunternehmer als Privatkanal mit Verbindung zu einem Seitenlauf der Elbe gegraben wurde, angeblich zur Erschließung des Viertels durch die Wilhelmsburger Marsch. In Wahrheit hat er damals wohl eher an die Nutzbarmachung für ein neues Industriegebiet gedacht. Und tatsächlich siedelten sich dort schnell etliche Unternehmungen an: eine Honig- und eine Ölfabrik, ein Asbest- und Gummiwerk oder auch eine Fabrik für Sanitäranlagen. Und eben die Wilhelmsburger Zinnwerke, die Kupfer- und Zinn produzierten. Die Soul Kitchen war eine ihrer Werkshallen.

Kult für Musik und Kultur Nach Anlaufen des Films in den deutschen Kinos nutzten Kulturschaffende alsbald den Ruhm der Location, wie solche Orte inzwischen neudeutsch heißen. Von 2010 bis 2012 fanden hier über 250 Veranstaltungen statt, Musik- und Bandabende oder Partys, zu denen die hippe Stadtszene eigens durch den alten Elbtunnel von der Hamburger Elbseite anreiste. Bis das Bezirksamt die beliebte Kultstätte wegen Einsturzgefahr und Brandschutzmängeln sperren und mit Zäunen verrammeln ließ. Es gab

Einlass für niemand

seitdem Pacht- und Kaufangebote, unterschiedliche Wiederbelebungskonzepte. Aber Politik und Verwaltung hatten ganz eigene Vorstellungen. Eine Brauerei gehörte zu ihren Ideen, die aber bei den örtlichen Kulturinitiativen auf wenig Gegenliebe stieß.

Der Putz blättert, der Noteingang ist dicht Heute trennt der schiffbare Kanal das bunte Reiherstiegviertel von dem sterbenden Industrieareal. Auf der einen Seite ein grüner Uferpark, Liebespaare in romantischen Grünecken, schillerndes Multikulti-Leben am Wasser. Auf der anderen Seite rotte Industriebauten, vermüllte Brachflächen, hohe Zäune – praktisch eine No-go-Area. In Teilen der ehemaligen Zinnwerke haben sich Künstler, Initiativen und Kulturschaffende angesiedelt und kämpfen um ihr langfristiges Bleiberecht. Die Halle der Soul Kitchen gehört nicht dazu, sie verfällt. Von den verblendeten Frontseiten blättert der Putz und legt rohe rote Backsteine frei, die Laderampe und die Stufen sind baufällig, die Fenster vernagelt. Die Speichergauben, in denen früher mal die Lastenseilzüge montiert waren, sind zugemauert. An der Stirnseite, wo einst der Notausgang war, wird der dichtgemachte Zu- und Abgang in riesigen Buchstaben zum »Noteingang« erklärt. Oben drüber, hoch am Giebel, prangt wie eine letzte Reminiszenz an die Hoffnung auf bessere Tage das künstlerische Spray-Symbol »Soul2Soul«. Eine Aufschrift an der Hallenfront neben der verbarrikadierten Eingangstür trifft es wahrscheinlich realistischer. »Aufwärts scheitern« steht da geschrieben. Auch diese Mahnung verblasst langsam.

Aus der Wand-Parole spricht pure Resignation.

Zu guter Letzt

Danksagung

Ein solches Buch kann nicht gelingen ohne sachkundige Unterstützung und Begleitung. Mein besonderer Dank gilt deshalb Oliver Wleklinski, Jens Dahm und Sandra Latussek von den »Hamburger Unterwelten«, Daniel Frahm (Hochbahnhistoriker), Ulrike Petersen und Mitstreiterinnen von der »Schiller-Oper Initiative«, Mathias Bölckow (Freunde der historischen Hafenbahn), Lutz Rehkopf (Friedhof Ohlsdorf), Sonja Lattwesen und Jutta Kodrzynski (Grüne Hamburg-Mitte), Hartmut Schwarzbach/argus, Hans-Jürgen Schirmer (Hafenexperte), Ole Braukmann und Achim Hoch (Hamburg Wasser), Saskia Huhsfeldt (Hamburger Hochbahn), Bernd Ringger (Zoll), Henning Grabow, Ines Hinrichs und Maik Kolpacki (Landesbetrieb Straßen, Brücken und Gewässer), Hans-Jörg Heims und Uwe Köhler (HHLA).

Und meiner lieben Frau als Begleiterin und Aufpasserin bei ganz vielen Entdeckungen und »urban explorations«.

Kapitel 4: Ausfahrt des Schellfischtunnels zum Hafen

Register

ISBN 978-3-7343-1333-2

Impressum

Verantwortlich: Stefanie Krüger
Redaktion und Lektorat: Franka Virteburch
Korrektorat: Ralf J. Klumb | The Wordworms
Layout und Umschlaggestaltung: BUCHFLINK Rüdiger Wagner
Covergestaltung: Rudi Stix
Repro: LUDWIG:media
Kartografie: Bruckmann Verlag GmbH, Heidi Schmalfuß
Herstellung: Alexander Knoll
Printed in Slovenia by Florjancic

Sind Sie mit diesem Titel zufrieden? Dann würden wir uns über ihre Weiterempfehlung freuen.
Erzählen Sie es im Freundeskreis, berichten Sie Ihrem Buchhändler, oder bewerten Sie bei Onlinekauf. Und wenn Sie Kritik, Korrekturen, Aktualisierungen haben, freuen wir uns über Ihre Nachricht an Bruckmann Verlag, Postfach 40 02 09, D-80702 München oder per E-Mail an lektorat@verlagshaus.de

Unser komplettes Programm finden Sie unter www.bruckmann.de

In diesem Buch wird aus Gründen der besseren Lesbarkeit das generische Maskulinum verwendet. Weibliche und anderweitige Geschlechteridentitäten werden dabei ausdrücklich mitgemeint, soweit es für die Aussage erforderlich ist.

Empfehlung der Redaktion Sie sind auf der Suche nach weiterführender Literatur? Dann empfehlen wir Ihnen den Titel »Das Buch der unheimlichen Orte in Deutschland« von Henning Aubel. Oder Sie werfen einen Blick in die Zeitschrift BERGSTEIGER. Hier werden Sie bestimmt fündig.

Bildnachweis: Alle Bilder im Innenteil und auf dem Umschlag stammen vom Autor.
Umschlagvorderseite: Verfallenes Schieberhäuschen im ehemaligen Wasserwerk Kaltehofe (Kapitel 22)
Umschlagrückseite: Das Mausoleum von Schröder (Kapitel 3)

Die Deutsche Nationalbibliothek verzeichnet diese Publikation in der Deutschen Nationalbibliografie; detaillierte bibliografische Daten sind im Internet über http://dnb.d-nb.de abrufbar.

2. aktualisierte Auflage

ISBN: 978-3-7343-2048-4